이 저서는 2015년 대한민국 교육부와 한국연구재단의 지원을 받아 수행된 연구임 (NRF-2015S1A5B5A07038654)

삼국유사,
여인과 걷다

정진원 지음

맑은소리
맑은나라

인간을 여러 가지로 정의하는 것 중에 가장 마음에 드는 정의는 'HOMO LUDENS', '놀이하는 인간'이다. 인생을 살아가면서 나이가 들수록 가장 좋은 놀이는 배우는 놀이라고 생각한다. 공자도 말하지 않았던가. '배우고 수시로 익히면 또한 즐겁지 아니한가.' 인간으로 태어나기 어렵고 불교의 가르침 만나기 어려운데 이 둘을 알게 된 것만으로도 감사한 일이지만 고려시대 걸출한 일연선사의 『삼국유사』를 만난 것은 백천만겁 난조우의 기쁨이고 행복이다.

『삼국유사』를 가지고 오랫동안 이렇게 맞춰보고 저렇게 주물러 보면서 깔깔거리고 궁금해 하고 글쓴이의 의도를 가늠해 보는 놀이를 하며 공부도반들과 나누어 온 이야기를 일차로 묶었다. 삼국유사는 얼핏 남자들의 이야기인 것처럼 보이지만 주인공이 여성인 경우가 많다. 우리가 읽어갈 『삼국유사』는 '잘나가는 우바새(남성) 뒤에는 그보다 열 배 훌륭한 우바이(여성)가 있다'가 될 것이다.

『삼국유사』속 삼대 미녀로 수로, 도화, 선화도 뽑아보고, 단군을 낳은 어머니이자 우리 어머니의 어머니인 웅녀의 이름을 추적해 본다. 주몽의 어머니 유화가 해모수에게 버림받은 가냘프고 유약한 비련의 여인상이 아니라 고구려의 어머니로, 농업의 지모신이자 부여신으로 우뚝 서는 모습을 찾아보고, 알영이 당당하게 박혁거세와 함께 건국하고 통치하는 모습을 보게 될 것이다. 예언자 선덕여왕이 모란을 품은 뜻과 또한 반전의 여왕으로 신라의 위기를 어떻게 삼국통일의 기회로 삼았는지 들여다본다. 원효스님의 야수다라라고 할 수 있는 요석공주가 신라 십현 설총을 낳게 되는 전말기와 지금은 사라진 설총을 돌아본 채로 남아있었다는 원효 소조상의 자취를 찾아간다.

여인의 향기를 짙게 풍기며 나타난 관세음보살이 노힐부득과 달달박박을 무려 미륵불과 무량수불로 만드는 로맨틱한 스토리가 전개되기도 하고, 백제 출신 신라 국사 경흥스님의 병을 치료한 웃음치료의 선구자, 신라 비구니스님으로 화현한 관세음보살 이야기를 풀어갈 것이다. 『삼국유사』곳곳에는 관세음보살이 동네 할머니나 섹시한 처녀, 서답 빠는 여인 등 다양한 배역으로 출연하고 있는데, 우리의 친숙한 이웃으로 화현하여 우리를 구원하는 모습에서 사소하고 시시하게 보는 우리 일상에 대한 마음을 반추하게 된다.

일연선사가 참고한 고승전이나 역사서 그 어디에도 없는 '효선편'을 탄생시킨 낙랑군 부인 이씨, 일연의 어머니의 이야기는 고금을 통해 어머니란 어떤 존재인지 드라마틱한 인생유전 모자의 스토리텔링이 두고두고 심금을 울릴 것이다.

거문고갑 속의 로맨스 주인공들의 정체 알아내기, 신라 어머니의 대표로 꼽는 진정스님의 어머니가 아들을 출가시키는 이야기, 아들 사복과 함께 연화장 세계로 떠난 사복의 어머니, '삼국유사-삼국사기-화랑세기'의 퍼즐을 조합해야 이루어지는 스토리텔링의 완성판 김유신과 누이들의 통일신라 꿈 프로젝트, 문희와 보희 자매 이야기. 부석사 창건의 유래가 된 의상대사와 그의 특별한 첫 제자 선묘낭자의 사랑과 불심 등 무수한 스토리텔링의 보물창고가 기다리고 있다. 2차『삼국유사』속 다빈치 코드 풀기 프로젝트에는『삼국유사』속에서 다양한 모습으로 나타나고 있는 원효 찾기 시리즈, 선덕과 자장남매의 신라불국토 구축 시리즈, 향가와 곁들여 찬불가와 접목시킬 '노래하는 삼국유사' 시리즈도 있다.

이 이야기를 불교여성개발원 '우바이예찬'과 통도사 사보 '보궁' 연재를 거쳐 이름이 바뀐 통도사 '등불'에 연재하였다. 그러므로 연재의 특성상 겹치는 부분이 간혹 발견되는데 이야기의 흐름상 그대로 둔 부분도 있다. 혜량해주시기 바라며, 이제 연재를 마친 후 '선도성모'의 이야기를 추가해 소박한 증보판 3쇄를 출간하게 되었다.

독자제현의 따뜻한 관심과 사랑에 힘입어 2차 시리즈인 '삼국유사, 원효와 춤추다'도 곧 출간될 예정이다. 그럼에도 불구하고 여전히 놓치거나 잘못된 부분에 대하여 아낌없는 질정 부탁드린다. 요컨대 『삼국유사』에는 21세기 한국을 브랜드화할 K-Pop에서 K-Classic으로의 콘텐츠가 밤하늘의 쏟아질 듯한 별들처럼 가득하다. 그 첫 발자국을 서툴게나마 떼고 여러분과 함께 걸어가고자 한다. 언젠가 이 아장아장 걸음이 씩씩하고 활달한 건각의 걸음이 될 것을 기대한다.

2017년 9월
삼국유사 이야기를 키운 팔할, 불인선방에서
정진원

차례

01

삼국유사 삼대 미녀와 스캔들의 주인공

그녀는 예뻤다!
세상에서 제일 예쁜 수로부인

첫 번째 이야기는 '내가 제일 잘나가'라고 외침직한 『삼국유사』 속 삼대 미녀 이야기이다.

제일 먼저 등장하는 수로부인은 신라 성덕왕 때 순정공의 부인이다. 강릉태수로 부임하는 남편을 따라가던 도중 바닷가 절벽 위 철쭉꽃을 본 그녀, "꽃을 꺾어다가 내게 줄 사람은 없는가." 그러나 아무도 나서지 못할 때, 암소를 몰고 가던 한 노인이 그 꽃을 꺾어다 주며 헌화가獻花歌까지 지어 바친다.

자줏빛 바위 끝, 잡을 손 암소 놓게 하시고
나를 아니 부끄러이 하시어든
꽃을 꺾어 드리옵니다.

그 이틀 뒤 이번에는 바닷가 임해정에서 점심을 먹는데 갑자기 용이 나타나 부인을 바닷속으로 납치한다. 남편이 땅을 치며 발을 굴렀으나 어찌 할 수 없었다. 이때 한 노인이 출현, "옛사람의 말에, 여러 사람의 말은 쇠도 녹인다 했습니다. [衆口鑠金] 동네 사람들을 모아 노래를 지어 부르면서 지팡이로 언덕을 두드리면, 바닷속의 용인들 부인을 내놓지 않고 견디겠습니까." 그대로 하였더니 용이 부인을 모시고 나와 도로 바쳤다. 그 해가海歌의 가사는 이러했다.

거북아, 거북아, 수로를 내놓아라
남의 부인 납치한 죄 얼마나 크랴.
네 만일 거역하고 내놓지 않는다면
그물로 잡아서 구워 먹으리

수로부인은 아름다운 용모가 세상에 뛰어나 깊은 산이나 큰 못을 지날 때마다 여러 차례 신물神物에게 붙들려 갔다.

천지간 신물神物이 탐낸 미인 자용절대姿容絶代 수로부인水路夫人

이제부터 『삼국유사』 속 삼대 미녀 중 자태와 용모의 절대지존 수로부인에 대하여 자세히 살펴보기로 하자.

삼국유사,
여인과 걷다

수로부인은 '자용절대(^{姿容絶代}' 미인이었다. 지금 이쁘다는 연예인으로 치면 '김태희 + 전지현 + 송혜교' 쯤 되지 않았으려나 싶다. 그래서인지 현대에 이르러서도 그녀가 머물렀던 곳을 찾아 문화콘텐츠 유적지로 만들기에 바쁘다. 지금도 경주에서 강릉으로 가는 어귀의 길목 어디쯤에서 헌화가를 부르며 꽃을 꺾어 바치던 노옹과 해신 용왕의 납치와 구출의 전말기를 의기양양하게 설파하는 수로부인을 만날 수 있을것만 같다. 그때 그 시절 그 시간과 공간으로 타임머신을 타고 날아가 보자.

순정공의 부인 수로부인! 남편 순정공(? - 725)은 성덕왕 때 이찬벼슬을 했던 김순정으로 알려져 있다. 그는 경덕왕의 장인, 즉 첫째 왕비 삼모부인^{三毛夫人}의 아버지라고 한다. 그렇다면 삼모는 수로부인의 딸일 가능성도 크다. '부인'이란 칭호도 '삼모부인'에서 보듯이 그 시절에는 왕비, 왕모, 왕비모에게만 사용되었다고 하니 더욱 그럴 법하다.

'삼국유사 삼대 미녀'로 뽑힌 '도화녀'와 '선화공주'의 호칭과도 비교해 볼 일이다. 도화녀는 본문에서는 도화랑^{桃花娘}으로 표현되고 선화공주는 무왕의 부인이 되었어도 선화공주로 출연하고 있는 것을 보면 삼국유사 속 호칭이 나름대로 기준이 있고 엄격했음을 짐작할 수 있다.
그들의 딸 삼모부인은 경덕왕의 왕비로 사량부인^{沙梁夫人}으로도 불리는데 황룡사의 종을 만드는 데 주체적 역할을 하고 큰 보시를 했다고 한다. '성덕대왕 신종'의 네 배 가까이 되는 큰 종이라 하니 가히 그녀의 지위와 재력을 통해 두 부부의 위상도 짐작할 만하다.

수로부인의 남편 김순정은 『삼국사기』와 『삼국유사』의 기록을 살펴볼 때 706년과 721년에 강릉과 관련되어 있다. 721년에 하슬라도(강릉)의 장정을 징발해 북쪽 국경 장성을 쌓은 일도 있으나 그때는 순정공이 죽기 4년 전으로 너무 늙었을 것이고 더불어 수로부인 또한 젊지 않을 것이므로 설득력이 떨어진다. 그러므로 강릉 태수는 흉년이 들었던 706년 백성을 위무하기 위한 직책을 맡아 떠나는 것으로 보인다.

그러면 본격적으로 706년경 철쭉꽃이 흐드러지던 어느 봄날로 떠나 보자. 경주에서 강릉으로 부임하는 도중 바닷가에서 점심을 먹는 순정공과 수로부인 일행. 곁에는 돌로 된 봉우리가 병풍처럼 바다를 두르고 있고 그 천길 낭떠러지 위에 문제의 철쭉꽃이 만발해 있다.

자용절대 수로부인, 그 꽃을 꺾어다 줄 사람을 찾는다. 위험해 아무도 나서지 못할 때 암소를 끌고 길가던 노인이 그 꽃을 꺾어와 노래까지 지어 바치는 것이 아닌가.

그 노인이 누구인지 아는 사람은 없다. 단지 동네지리를 잘 아는 촌로인 것일까. 그러나 그 노래는 젊은 기개로 가득 찬 구애가라 해도 과언이 아니니 이것은 또 무슨 조화일까. 게다가 남편이 버젓이 동행하고 있고 그의 직책이 강릉 태수라는 벼슬아치인 것을 감안하면 이것은 가히 도발이라 할 만하다.

내용도 내용이지만 현재 지자체의 관건은 이곳이 어디쯤일까이다. 강릉 태수로 가는 길이 소풍처럼 느껴지고 이쁜 꽃을 꺾어 가지고 싶을 만큼 설렌다면 어쩌면 부임하는 첫 날이나 그 즈음일지도 모르겠다. 헌화가의 무대

삼국유사,
여인과 걷다

는 과연 어디일까.

그러나 수로부인에 대한 도발은 여기서 그치지 않는다. 만일 한 번의 일화로 그쳤다면 수로부인이 '자용절대'의 칭호는 받지 못했을 것이다. 철쭉에 노래까지 선사받은 수로부인, 그 후로 이틀 동안 편하게 강릉으로 가는 행차에 이번에는 '임해정臨海亭'에서 점심을 먹는다. 이 또한 바닷가에 있는 정자이니 이틀 거리의 정자가 있을 만한 경관 수려한 바닷가를 찾는다면 헌화가의 배경무대 찾기는 좀 더 수월해질 것이다.

그런데 이번에는 비범한 노인 정도가 아니라 바다의 용이 나타나 수로부인을 납치해 간다. 순정공이 넘어지면서 발을 굴러봐도 소용없는 일. 그러자 또 다른 노인이 해결사로 나타난다. '중구삭금衆口鑠金, 여러 입이 쇠를 녹인다'는 말이니 경내의 백성들을 모아 노래를 지어 부르면서 지팡이로 언덕을 두드리면 용도 두려워하여 부인을 도로 내놓을 것이라 하였다. 그 노래가 '용아, 용아'로 시작되는 것이 아니라 이상하게도 '거북아, 거북아'로 시작된다.

> '거북아, 거북아, 수로를 내놓아라,
> 남의 부인 납치한 죄 얼마나 크랴…'

김수로왕이 탄생할 때 부른 '구지가'와 거의 같은 버전이다. 이것은 무엇을 뜻하는 것일까. 여기에는 여러 겹의 상징이 맞물려 있다.

첫째, '수로부인水路夫人'과 '수로왕首露王'의 이름이 겹친다. 한자는 다르지만 우리말로는 동음동의일 것으로 생각된다. 이와 비슷한 말로 '수리'가 있다. 『삼국유사』 문무왕 조에 문무왕의 서제 '거득공車得公'의 이름을 스스로 무진주 안길安吉에게 단오端午라고 소개하는데 신라 말로 단오를 거의車衣라고 한다 하였다.' '거의車衣'는 향찰식 표기로 '수레'를 뜻하는데 당시 발음은 '술의 >수리'에서 수레로 변천한 것으로 볼 수 있다. 이러한 '수로, 수릉首陵, 수리, 수리, 술의戌衣' 등은 모두 꼭대기, 정수리, 태양 등 높고 강하고 신적인 의미를 나타낸다.

둘째, 거북이 토템이나 바다와 관련된 상징일 수 있다. 처용의 가면이 역신을 물리치는 부적이 되고, 비형랑의 노래가 귀신을 물리치는 주문이 되듯 김수로왕의 거북이 노래도 또한 비슷하게 개사를 해 쓸 수 있었을 것이다.

그리하여 구출된 우리의 수로부인, 남편 순정공에게 용궁을 다녀온 소회 보고는 고작 바닷속 칠보궁전과 음식의 맛과 미묘한 향기 뿐⋯ 전혀 납치와 구출에 대한 두려움이나 미안함 없이 오히려 자랑삼아 이야기하는 느낌이 든다. 그러한 수로부인을 그저 좋아하고 떠받드는 모습으로 그려지는 방임형의 순정공 태도는 마치 처용이 역신과 잠자리를 한 부인을 보며 처용가를 노래하고 춤추던 모습이 연상된다.

당시 신라의 풍속은 서로의 배우자에게 관대했던 것일까. 뿐만 아니라 그후에도 수로부인은 깊은 산 커다란 못을 지날 때마다 번번이 신들에게 납치되었다는 것이다. 이 대목에서는 백제 무왕이 된 서동의 출생이 떠오른다. 서동은 과부였던 어머니가 남쪽 못의 용과 관계하여 낳았다고 전한다. 이러한 용신과의 관계로 수로부인이 용과 관계하여 낳은 딸 삼모부인을 용녀로 보는 설을 낳기도 한다.

수로부인의 이러한 일화들은 미모로 인한 단순 납치일까. 그녀도 심정적으로 동조했거나 또는 그 이상의 무엇이 있을까. 화랑세기를 보면 '미실'(? ~ 609)은 진흥왕을 비롯하여 동륜태자, 진지왕, 진평왕에게 자신의 미모를 통해 '색공'으로 섬기며 왕비를 배출하는 대원신통의 권력자 노릇을 하였다. 미실이 왕들과의 관계를 통해 대원신통의 지위를 확고히 했다면, 수로부인은 신격의 존재들과의 접촉에서, 차원이 다르지만 미실과 상통하는 신령함이나 권력을 쥐게 되지는 않았을까.

다시 부임 행차지로 돌아와 이상의 노정에서 수로부인의 두 노래 무대가 되는 곳을 살펴보자. 현재 강릉에는 강릉시 강동면 심곡리와 옥계면 금진리에 이르는 6Km 해안도로를 '강릉 헌화로'로 명명하고 있고, 삼척에서는 삼척시 증산동에 '수로부인공원', 삼척시 원덕읍 임원리에는 '수로부인헌화공원'이 조성되어 있다.

그러나 최근 이에 대한 반론이 제기되었다(전영권 지리학 교수). 그에 따르면 '헌화가獻花歌'의 배경 발상지는 경북 영덕 부경리 '굴곡포'이고, 또 울진 평해 월송정이 『삼국유사』의 '수로부인 조'에 나오는 '임해정臨海亭'이라고 주장한다.

그는 '평해 월송정이 임해정'이라는 근거로 "월송정 인근이 신라시대 화랑의 수련 유람지임은 학계의 공통된 설"이라며 "임해정은 고유명사적 성격이 아니라 바다에 인접한 정자로 해석해야 한다"고 강조했다. 『삼국유사』를 정독하고 여러 가지 측면에서 살펴볼 때 이 지리적 위치가 상대적으로 정황상 설득력을 얻는다.

그렇지만 경주에서 강릉 사이 꽃피고 절경을 이룬 바닷가 어귀를 이틀 동안의 거리로 갈 수 있는 곳이면 울진이든 영덕이든 삼척이든 강릉이든 수로부인의 자취가 깃든 곳임에는 틀림없다. 그러므로 서로 갑론을 박하기보다는 차라리 '수로부인 가시던 걸음걸음, 동해안 둘레길'을 만들어 경주-영덕-울진-삼척-강릉에 이르는 관광 문화콘텐츠를 만들면 서로 흡족한 win-win 전략이 될 것이다.

이 이야기의 옥의 티라면 수로부인의 일화들이 타인에 의해 주도되는 내용뿐이어서 수로부인의 능동적인 대처나 활동의 면모를 찾기가 어려운 점이다. 그럼에도 불구하고 그녀가 용왕의 아내가 됐다든지 다른 신물과 후속되는 사건 사고 없이 순정공의 부인으로 기록된 것으로 보아 그녀는 자유롭고 긍정적인 성격으로 그녀를 둘러싸고 일어나는 일련의 납치 행각을 담대하게 처리했거나 신들과의 납치에서도 결코 약자의 입장이 아니었을 것으로 생각된다. 앞으로 수로부인의 주체적인 면모와 행동에 대한 새로운 해석과 면밀한 연구가 이어져야 할 것이다.

이렇게 『삼국유사』를 읽다보면 지자체의 문화콘텐츠, 그 중에서도 역사문화 콘텐츠를 새롭게 발굴하거나 조성할 수 있고 그 내용을 연관 지을 수 있는 K-Culture 내용이 주종을 이루고 있다. 필자는 K-Culture의 바탕이 삼국유사와 같은 K-Classic에 있음을 지속적으로 세상에 알리고자 한다.

삼국유사,
여인과 걷다

아스카 거북바위

도화녀桃花女와
진지왕眞智王의 '사랑과 영혼'

 『삼국유사』삼대 미녀 두 번째 이야기를 펼쳐보기로
한다.

신라 25대 진지왕 때 사량부의 한 민가 여자가 자태가 곱고 용모가 아름다
워[姿容艶美] 당시 사람들이 도화랑桃花娘이라 불렀다. 왕이 이 소문을 듣고
궁중으로 불러들여 사랑을 나누고자 하였지만 도화랑은 "여자가 지켜야
하는 것은 두 남편을 섬기지 않는 일입니다. 남편이 있는데 어찌 다른 이에
게 가겠습니까. 더 높은 왕의 위엄이 있더라도 끝내 정조는 빼앗지 못할 것
입니다."라며 거절하였다.

왕이 "너를 죽인다면 어찌하겠느냐."하니, "차라리 저자거리에서 목을 베일
지언정 다른 마음을 가질 수는 없을 것입니다."하였다. 이에 왕이 "남편이
없으면 되겠느냐?"고 묻자, 도화랑이 "되겠습니다."라고 하였고 왕은 도화

랑을 놓아 주었다.

576년에 왕위에 오른 진지왕은 당시 지도부인이라는 왕비가 있었으나, 나라를 다스린 지 4년 만에 주색에 빠져 음란하고 정사가 어지럽자 나라 사람들[國人]이 폐위시켰다. 도화녀를 만난 바로 그 해에 그는 폐위되고 죽었는데, 2년 후 도화랑^{桃花娘}의 남편도 죽었다. 그리고 10일이 지난 어느 날 밤중에 갑자기 왕은 평상시와 같이 여인의 방에 들어와 말한다. "네가 옛날에 허락한 말이 있지 않느냐. 지금은 네 남편이 없으니 되겠느냐."
도화녀는 쉽게 허락하지 않고 부모에게 고하니, "임금의 말씀인데 어떻게 피할 수가 있겠느냐" 하고 왕에게 보냈다. 왕은 7일 동안 머물다가 갑자기 사라졌으나 여인은 이내 태기가 있었다.
달이 차서 해산할 때 천지가 진동하더니 한 사내 아이가 태어났는데 이름을 비형^{鼻荊}이라고 하였다. 진평왕이 그 이상한 소문을 듣고 아이를 궁중에 데려다가 길렀다. 비형은 밤마다 멀리 월성을 날아 서쪽 황천 언덕 위에 가서는 귀신들을 데리고 놀았다. 왕은 비형에게 "네가 귀신들을 데리고 논다니 그게 사실이냐. 그렇다면 너는 그 귀신의 무리들을 데리고 신원사 북쪽 개천에 다리를 놓도록 해라."하니 비형은 하룻밤 사이에 큰 다리를 놓고 그 다리를 귀교^{鬼橋}라고 했다. 귀신의 무리들은 비형의 이름만 들어도 두려워하여 달아났으므로, 당시 사람들은 다음 글을 짓고 써 붙여 귀신을 물리친다.

성제^{聖帝}의 넋이 아들을 낳았으니
비형랑의 집이 바로 그곳일세.

날고 뛰는 모든 귀신의 무리

이곳에는 머물지 말지어다.

도화녀桃花女의 아름다움은 '자용염미姿容艶美'라고 표현하였다. 현대적으로 해
석하자면 '자태와 용모가 섹시하고 아름다웠다' 정도로 풀이할 수 있을 것
이다. 도화녀의 '도화桃花' 또한 '-살'이 붙어 이성들을 유혹하거나 과도한 호
색과 음욕으로 화를 입는다는 뜻으로 쓰여져 왔다. 주로 호색은 남성에게
음욕은 여성들에게 사용되는 표현이었으나, 현재는 이성의 주목을 끌고 연
예인이 될 사주로 꼽는 등 시대적인 변화에 따라 해석도 달라지고 있다.

그러므로 도화살의 유래가 된 원조 미인은 이 신라의 도화녀가 아닐까 싶
다. 도화 만발한 조치원 복사골에 간 적이 있다. 마력적인 분홍 또는 선홍
빛깔에 빨려 들어가는 느낌을 받았다. 치명적인 유혹이라고 할까. 그러나
『삼국유사』 어디에도 그녀에 대하여 '도화살'과 결부된 폄하하는 표현은 나
타나지 않는다. '사량부 민가의 여자'로 소개하거나 '두 남편을 섬기지 않는
다[不事二夫]'고 하여 지조와 정절의 대표로 나온다. 그것도 현재 왕노릇
하고 있는 진지왕 앞에서 당당하고 결연한 표정으로 목숨과도 바꾸지 않겠
다고 말한다.

진지왕 또한 대단하다. 처음에는 죽이면 어쩌겠냐고 위협도 해보았지만 그
녀의 태도에 어림없음을 안 뒤에는 남편이 없으면 '불사이부'가 아니니 그때
를 기다리겠다고 후일을 도모한다. 이러한 성격과 인품의 왕이 성삭 '황음荒
淫'하다는 불명예를 안고 폐위되는 것은 아이러닉한 일이다.

『화랑세기』의 기록대로 '대원신통'과 '진골정통'의 계파 간의 싸움으로 폐위되었다는 내용도 음미해 볼 만한 대목이다. 『삼국유사』에서는 즉위 4년 후이자 도화녀를 만난 해 폐위되고 죽었다고 하고, 『삼국사기』에서도 그렇게 되어 있지만 『화랑세기』에서는 유폐된 지 3년 후에 죽은 것으로 서술하고 있다. 그렇다면 도화녀를 만난 것은 살아있어도 죽은거나 같은 폐위된 왕의 시절의 일일지도 모른다.

두 사람의 재회와 사랑은 그 후에도 쉽게 전개되는 것은 아니다. 진지왕이 역사적으로 죽고 도화녀의 남편도 죽은 어느 날, 진지왕이 다시 나타나 묻는다. "이제 남편이 없으니 되겠느냐" 도화녀는 여전히 쉽게 허락하지 않고 부모에게 그 사실을 고한다. 왕도 절대 굴하지 않는 모습이지만 도화녀도 그에 못지 않다.

그렇게 해서 부모에게 허락받은 '7일 간의 사랑', 신라판 '사랑과 영혼'이라 할 만하다. 과연 도화녀는 진지왕을 사랑했을까. 첫 대목에서 도화랑桃花娘이라고 한 것과 남편 사이의 아이 이야기가 나오지 않는 것을 보면 복사꽃처럼 아리따운 아가씨로 동네에 소문이 자자했다가 갓 결혼한 새댁일 것으로 보인다. 진지왕을 처음에 일언지하에 거절한 것처럼 자기 원칙이나 감정에 어긋나는 행동은 죽어도 하지 않는 성격일 것이다. 남편도 죽고, 왕도 죽었거나 폐위되고 난 후의 일이다. 그럼에도 불구하고 일구월심 일편단심으로 찾아온 진지왕에게 결국 마음을 열게 되었지만 부모의 인정이라는 형식을 거치고서야 진지왕을 받아들인다. 천지신명도 감동했던지 머무는 동안 오색구름이 그 집을 감싸고 방에는 향기가 가득했다고 한다[常有五色雲覆屋香氣滿室]. 그렇게 해서 둘 사이에 태어난 비형랑鼻荊郞, 비범하지 않을

삼국유사,
여인과 간다

리 없다. 신출귀몰한 도깨비 무리의 리더로 활약하며 진평왕을 돕는다.

『삼국유사』의 제목은 '진지왕과 도화녀'가 아니라 '도화녀와 비형랑'이다. 그러나 '진지왕'이 없으면 이 두 모자의 이야기는 성립되지 않는다. 일연은 '도화녀와 비형랑'의 예사롭지 않은 외모와 품격, 능력을 통해 진지왕의 역사적 누명을 벗겨주려 한 것은 아닐까라는 생각도 아울러하게 된다. 진지왕이 주색에 빠져 황음하고 정사가 어지럽다고 했지만『삼국사기』의 기록은 그렇지 않다. 즉위한 후 대사면을 실행했고 중국 진나라와 수교했으며 백제군을 물리치고 성을 쌓는 등 4년 동안 한 일이 많았던 것이다. 아버지 진흥왕과 어머니 사도부인은 만년에 출가를 하는 등 불교에 귀의했지만 그 시절 신라시대의 성골을 지키기 위한 근친간의 결혼이나 자유로운 애정 풍속은 지금의 관점에서 보면 불륜이 태반이다.

그런데 이렇게 '신사의 품격'을 지키며 한 여인을 죽어서까지 사랑하고 결실을 맺는 이러한 스토리텔링의 주인공이 '황음'하여 폐위되었다고 시작한다. 저자 일연의 숨은 의도를 볼 수 있는 맥락이다.

누구나 한 번쯤 짝사랑을 하고 그 사랑을 못 이룬 채 가슴에 담고 살아가게 마련이다. 선덕여왕을 짝사랑하다 불귀신이 되고만 '지귀'처럼 전 생애에 걸친 운명적 비련으로 끝날 수도 있겠지만, 보통 사람들은 마음 한 귀퉁이에 비 오고 바람불고 눈 내리는 날 문득 꺼내보는 한 장의 사진 같은 것으로 간직한 채 지내는 것이다.

왕이 되어서도 마음에 드는 한 여인의 뜻을 존중하고 죽어서까지 기다리며 기필코 사랑을 이루어내는 진지왕의 모습은 우리에게 시사하는 바가 많다. 그리고 그에게 전혀 모자람 없는 한 여인, 도화. 평민의 신분이지만 어떤 고

관대작의 부인이나 공주, 왕비보다 사랑의 정신은 드높았던 신라 여인의 멋진 모습이다. 한 지아비의 아내로서의 위상과 왕의 총애를 맞바꿀 수 없다는 기상. 도화녀는 미인으로 이름 높았다기보다는 자유로운 사랑이 성행하던 신라 시대에 한 남자에 대한 사랑 천명으로 빛났던 여인으로 기억해야 할 것이다.

한때 '사랑과 영혼'으로 번역되었던 'Ghost'라는 외국 영화가 유행하였다. 한 남자가 죽어서도 사랑하는 여인을 잊지 못해 무당의 몸을 빌려 사랑을 전한다는 스토리이다. 그 이야기의 원형이라고 해도 과언이 아닐 진지왕과 도화녀의 '사랑과 영혼'은 죽어서도 스스로의 힘으로 사랑을 이루고 반신반인의 특별한 아들 비형을 낳는 것으로 귀결된다. 비형은 결과적으로 아버지를 폐위시키고 왕 자리에 오른 진평왕이 거두어 키우고, 그는 하룻밤 사이에 '귀교鬼橋'를 놓는 등 신통력을 갖춘 인재로 자란다. 모든 귀신들의 우두머리이자 능력자로 신격화된 비형. 곧 처용의 얼굴을 그려 붙이면 '벽사僻邪'의 의미가 되듯이 비형에 대한 글귀도 그렇게 부적의 효과를 나타낸다.

그 첫 구절이 심상치 않다. '성스러운 황제의 혼이 아들을 낳았으니[聖帝魂生子]'로 시작되는 것이다. 성제聖帝는 곧 진지왕이다. 그의 태자 시절 이름은 불교 전륜성왕의 이름 넷 중 하나인 금륜金輪이었다. 사륜은 금은동철金銀銅鐵로 이루어져 있는데 그의 형 이름이 '동륜'인 것에 비하면 진흥왕도 왕자 금륜의 됨됨이를 알아본 것이 아닐까 하는 생각이 든다. 최소한 신라시대의 백성들은 진지왕을 주색에 빠져 정사를 어지럽힌 왕으로 보고 있지 않았다는 증거라고 할 수 있다.

일연은 이와 같이 자칫 왜곡되거나 폄하될 법한 이야기들도 찬찬히 되새기는 장치를 마련해 행간의 뜻을 전하고 있다.

생사를 초월한 사랑과 그 결실 이야기에서 우리는 무엇을 건져올려 낼 수 있을까. 아직 살아 있으니 생사를 초월할 필요까지는 없는 사랑을 할 수 있다. 우리는 사랑하는 사람을 위하여 얼마나 기다려 봤을까. 그 결실이 반인 반신이면 과연 행복할까. 문득 살아있어서 다행이고 기다려 볼 시간이 남아있어 행복하다. 비범하지 않고 건강하고 평범하디 평범한 결실인 것이 더욱 고맙다. 부디 '내 복에, 남의 덕에' 서로서로 마음을 전하는 사랑이 가득한 나날이 되시기를 빈다. 그 사랑 이루어지도록 비형의 노래 한가락 부적으로 적어두는 일도 잊지 마시기를.

귀면와(경주박물관)

선화공주와 무왕,
야심찬 세기의 로맨스

◉　　　　　『삼국유사』는 사람이 주인공인 사람 중심의 이야기이
다. 사람은 남성과 여성으로 이루어져 있지만 책 속에서는 거의 대부분 남
성이 주인공이고 중심에 있다. 그러나 『삼국유사』는 남성 중심의 역사책이
지만 『삼국사기』나 '고승전' 등과는 달리 여성성을 간과하지 않는다. 대부
분 남자들의 이야기인 것처럼 보이지만 실제 중심 역할을 하고 있는 주인공
은 여성인 경우가 많다. 행간의 뜻을 읽으면 훌륭한 남성 뒤에 그보다 몇 배
더 현명한 여성이 있다는 것을 보여주는 것이 『삼국유사』의 반전 코드이다.
앞서 우리는 수로부인과 도화녀의 아름다움으로 치장된 겉모습의 깊은 속
내를 들여다보았다. 이제 그 세 번째 미녀 선화공주의 이야기 속으로 들어
가 보기로 한다.

먼저 『삼국유사』 속 간략 스토리텔링은 다음과 같다.

백제 30대 무왕武王은 어머니가 과부인데 남쪽 못 가의 용과 관계하여 낳았다. 어릴 때 이름은 마를 캐다가 팔아 서동薯童이라고 했는데 재주와 도량이 커서 헤아리기 어려웠다.

서동은 신라 진평왕眞平王의 셋째공주 선화善花 혹은 선화善化가 뛰어나게 아름답다는 말을 듣고는 머리를 깎고 서라벌로 가서 마을아이들에게 마를 주고 꾀어서 자신이 지은 동요를 부르게 했다.

선화공주님은
남몰래 정을 통하고
서동방薯童房을
밤에 몰래 안고 간다.

동요가 대궐까지 퍼지자 신하들은 임금에게 극력 간해서 공주를 먼 곳으로 귀양보내게 하였다. 떠날 때 왕후는 순금 한 말을 주어 노자로 쓰게 했다. 서동은 기다렸다가 공주에게 절하면서 모시고 가겠다고 했다. 공주는 그를 알지 못했지만 짝이 되어 믿고 좋아하니 그를 따라가면서 서동과 그윽히 정을 통했다.

그런 뒤에 공주는 서동의 이름을 알았고, 동요의 징험도 믿게 되었다. 함께 백제로 와서 모후가 준 금을 꺼내 놓고 살아 나갈 계획을 의논하자 서동이 크게 웃으며, "나는 어릴 때부터 마를 캐던 곳에 황금을 흙덩이처럼 쌓아두었소."하였다. 공주는 이 말에 "그것은 천하의 가장 큰 보배이니 그대는 우리 부모님이 계신 대궐로 보내는 것이 어떻겠습니까?" 하고 서동은 "좋소이다.” 화답하였다.

두 사람은 신통력 있는 지명법사에게 부탁해 그 금을 신라 궁중으로 보내자 진평왕은 그 신비스러운 변화를 특별하게 여겨 더욱 서동을 존경하고 항상 편지를 보내 안부를 물었다. 서동은 이로 인해 인심을 얻어서 드디어 왕위에 올랐다.

미염무쌍美艶無雙이라 표현된 선화공주는 그동안 ‘서동요’의 주인공으로만 부각되어 왔다. ‘아름답고 매력적인 모습을 비길 데 없다’는 이유만으로 억울한 루머의 희생양이 된다. 그 노래 내용도 선화공주가 주도하는 모양새로 밤마다 서동을 만나 사랑을 나눈다는 내용이다. 이것이 선화공주에 대한 첫 번째 관전 포인트이다.

바로 아버지 진평왕에게 쫓겨난 신세가 되지만 나중에 백제 무왕의 아내 곧 백제 왕비가 된 신데렐라 스토리 유형이다. 『삼국유사』 속의 기록을 정독하면 선화공주는 바보 온달을 장군으로 만드는 평강공주 이상으로 야심찬 인물이다. 금도 몰라보는 일개 마를 팔던 청년에게 금의 가치와 그것의 활용 방법을 가르친다. 곧 지명법사를 매개로 하여 아버지 진평왕을 설득해 남편 서동이 백제 무왕에 오르도록 하는 것이다.

이렇게 결실을 맺은 선화공주와 서동의 사랑은 신라와 백제를 아우르는 세기의 로맨스라 할 만하다. 물론 서동도 예사롭지 않은 인물이다. 서동의 출생 또한 어머니가 과부의 몸으로 연못의 용을 아버지로 하여 태어나게 된다는 평범하지 않은 설정이다. 과부임에도 불구하고 ‘용’으로 상징되는 ‘왕’과의 만남은 어머니 또한 출중한 면모를 지녔음을 시사한다. 어머니와 함께 마를 캐며 살았어도 기량을 헤아리기 어려웠다는 표현에서 이웃나라 신라의 어여쁜 공주를 얻을 만한 지략과 용기가 있었음을 본다.

왕의 서자 출신인 서동은 선화공주에게 왕실이나 금의 가치를 배우고, 장인인 신라 진평왕의 신임을 지지기반 세력으로 하여 왕위에 오르게 되는 것이다. 선화공주 또한 미모가 화근이 되어 인생이 곤경에 처했지만 그 위기를 기회로 만들어 전화위복으로 삼는 지혜 또한 서동 못지않다.

그동안 이 이야기는 신라공주와 백제왕자의 사랑이야기에만 초점이 맞추어져 드라마나 축제, 공연 등이 이루어져 왔다. 이제는 선화공주가 예쁘기만 한 신라공주, 서동의 아내, 무왕의 왕비로만 기억될 것이 아니라 남편의 킹메이커, 신라 황룡사보다 규모가 큰 백제 '미륵사'를 창건한 창건주, 의자왕의 어머니로서 재조명되는 콘텐츠가 필요한 때이다. 특히 미륵사 서탑에서 발굴된 '금동사리봉안기'의 주인공 '사탁적덕'의 딸인 '백제왕후'와의 관계 정립과 해석도 흥미로운 콘텐츠가 될 것이다.

한편 진평왕의 큰딸인 언니 선덕여왕과의 관계도 곰곰이 짚어봐야 할 것이다. 고구려, 백제, 당나라가 줄지어 신라를 침략하는 위기를 기회로 멋지게 반전시켜 통일신라의 기틀을 다진 선덕여왕, 그리고 자칫 루머의 희생양으로 전락할 수도 있었던 선화공주의 백제 왕비 등극으로 이어지는 통쾌한 반전이 절묘하게 닮아 있음을 우리는 확인할 수 있다.

그리고 역사적인 불사의 기량 또한 우열을 가릴 수 없을 만큼 닮은 꼴이다. 선덕은 신라 최대 황룡사 구층탑을 세우고 선화는 백제 최대 익산의 미륵사를 세운다. 자매가 아니라는 설왕설래를 단칼에 잠재우는 유전자이다.

요즈음 대중들에게 조금만 인기를 얻으면 '국민 여동생'이니 '세기의 결혼식'

이니 하는 수식어를 남발한다. 신라와 백제가 결합하여 삼국통일 전의 양
국통일 센스쟁이 선화와 서동의 사랑 정도는 되어야 세기의 로맨스라 할 수
있지 않을까.

이들을 21세기 한 자리에 모이게 하면 어떤 스토리텔링이 이루어질까.
아마도 '내가 제일 잘나가'를 부르거나, '삼국시대 삼대미녀 진선미 선발대
회'라도 열자고 하지 않을까. 그들의 의중을 들어보자.

수로부인 : 제가 삼국유사 여인 중 제일 잘나갔죠.
오죽하면 남편 순정공을 제치고 노옹이 절벽의 철쭉을 꺾어다 바치고 노래
를 지었겠어요. 게다가 바다의 용까지 유부녀인 저를 납치해 온 동네 사람
이 구지가 같은 노래를 불러서 구출했을까요. 그 외에 제 인기는 이루 말할
수가 없는 지경이라고 저자 일연스님이 증명하셨죠.

도화녀 : 이거 왜 이러세요. 겨우 스캔들의 여왕 가지고.
저는요 유부녀 시절 진지왕이 사정사정 통사정했어도 절개를 지키느라 꿈
쩍도 안했다고요. 남편이 죽으면 허락해 주겠냐고 애걸복걸해 그 순간을
모면할 요량으로 그러마 했죠.
그러나 남편이 죽었을 땐 진지왕도 세상을 떠난지 오래라 저는 별일 없을
줄 알았는데, 왕은 저 세상에서도 저를 잊지 못하고 찾아 왔잖아요. 그래도
저는 뭐 내키지 않아 부모님의 허락을 얻은 후에야 겨우 마음을 내줬는데…
보셨죠. 걸출한 내 아들 '비형랑'! 사람의 재주를 뛰어넘는 신기하고 비범한

능력으로 하루 아침에 다리를 놓고 귀신을 부리는 신출귀몰 훈남! 이 정도 결실은 있어야 잘 나간다 말할 수 있죠.

선화공주 : 세기의 로맨스라고 들어는 보셨나 모르겠군요.
신라와 백제의 정략 결혼이라고도 하지만 저는 짐짓 사랑에 응하는 체하며 백제를 아울렀죠. 서동에 불과한 내 낭군, 백제의 왕이 되게 한 킹메이커이자 실질적 신라 백제 양국의 퀸이었죠. 신라 황룡사에 비견되는 익산 미륵사. 제가 만들었지요. 물론 금과 돌도 구분 못하는 무왕을 길들인 결과죠. 아버지 진평왕께 금으로 환심을 사고 무왕을 사위로 삼게 하는 댓가를 치룬거죠.
요즘 겨우 미륵사 서쪽 탑 하나를 조성한 사탁의 딸이 백제왕후를 운운하며 내 존재를 가리려 하지만 서천의 소가 웃을 일입니다.

여러분은 누구에게 한 표를 행사하실지.

사금갑의 주인공
궁주와 분수승은 누구일까

⊛ 　　　　『삼국유사』속 흥미진진한 이야기가 많이 나오지만 '사금갑' 이야기는 그중 백미라 할 만 하다.

이 이야기 속에는 왕과 왕후, 승려의 삼각관계가 1차 스토리텔링으로 서술되지만 그 안에는 당시 정치 상황과 권력을 둘러싼 긴박감 넘치는 이야기, 왕의 암살을 막아준 동물들을 기리는 우리나라 세시풍속의 유래들이 가득 차 있다.

특히 거문고 갑 속에서 복주伏誅(형벌을 순순히 받아 죽음)되었다는 분수승과 궁주는 구체적으로 누구였을까. 필자는 이 두 남녀가 오랫동안 궁금하였다. 이 의문의 실마리를 풀어주는 이야기가 이번에도『삼국사기』와『화랑세기』,『남당유고』라는 책에 있었다. 그들은 단순히 잘못된 사랑에 희생된 것일까. 또 하고 많은 곳 중에서 왜 하필 거문고 갑 속에서 사랑을 나누었을까. 이러한 의문들이 꼬리를 물고 일어난다.

이 '사금갑射琴匣' 이야기는 얼핏 동물이 말을 하는 등 전설로 치부될 소지가 많지만 역사서에 구체적인 연대가 기록된 사건이다. 우리말로 비처왕, 한자어 번역으로 소지왕炤智王이라고 하는 21대 신라왕이 등장하는 488년에 일어난 이야기이다.

비처왕이 즉위한 지 10년이 되던 해 천천정에 거동할 때 까마귀와 쥐가 와서 왕에게 울며 말을 했다는 것이다. 쥐가 읍소한 대로 왕의 말몰이꾼이 까마귀를 따라갔는데 양피촌에 다다르니 돼지 두 마리가 싸우고 있었다 한다. 기사가 구경하다 까마귀를 놓치게 된다. 이때 그것을 기다렸다는 듯 한 노인이 연못 속에서 나타나 편지를 주었는데 겉면에 이렇게 쓰여 있었다. '내용을 열어 보면 둘이 죽을 것이고 열지 않으면 한 사람이 죽을 것이다.' 그 한 사람이 왕이라는 일관의 말에 왕은 편지를 읽게 되는데 단지 '거문고 갑을 쏘라[射琴匣]'는 한 줄이었다. 왕은 궁궐에 돌아가 거문고 갑을 쏘니 그 속에서 두 남녀가 간통 중이었다는 것이다. 남자는 궁궐에서 분향하고 수도하는 내불당 승려[焚修僧]였고 여자는 궁주宮主였는데 그 둘을 죽였다는 것이다.

비처왕이 분노에 차 죽일 만큼 엇나간 불륜 로맨스의 대상이라면 일단 비처왕의 부인이 유력하지 않을까. 짐작은 적중했다. 화랑세기에는 그의 왕후 선혜善兮와 승려 묘심妙心이 서로 사통해 오도吾道라는 딸을 낳았다는 기록이 있다. 그러나 그 불륜으로 인해 왜 왕이 죽는다는 것일까. 난순 삼각관계에서 제2라운드가 펼쳐지는 장면이다. 그 전말인즉 묘심이 선혜황후를 통해

왕을 암살할 계획이었다는 것이다.

그렇다면 이제사 겉봉을 열면 둘이 죽는다는 이야기가 이해가 간다. 둘의 사통뿐 아니라 암살계획이 함께 폭로가 되어야 영문 모르고 죽을 뻔했던 비처왕은 살게 되고 그 음모가 발각된 두 사람은 죽음에 이르는 것이다. 그러나 『삼국유사』에서 죽었다던 선혜황후는 『화랑세기』의 내용에서는 죽지 않는다.

선혜황후비의 가계를 추적해보자. 선혜황후는 『삼국사기』에 따르면 아버지가 내숙 이벌찬인데 『화랑세기』에서도 기록이 일치한다. 『삼국유사 왕력편』에는 기보갈문왕의 딸로 나온다. 어찌됐든 이벌찬은 신라관 등 중 제1관등이다. 게다가 선혜의 어머니는 눌지왕의 딸이다. 왕의 딸이나 손녀의 가계로 나오는 선혜를 과연 왕이라고 해서 쉽게 사형시킬 수 있었을까.

선혜는 출궁하여 제주寨主가 되었다고 한다. 여기서 특기할 것은 묘심이 신라 왕실의 승려였는데 그때가 488년이라는 사실이다. 알려진 바와 같이 신라 불교 공인은 법흥왕 때 이차돈의 순교에 따라 527년이 정설이기 때문이다.

『삼국유사』에는 이처럼 불교가 우리 역사에 등재되기 훨씬 전부터 전래되고 수용되었음을 알려주는 단서들이 무수히 흩뿌려져 있다. 가령 고조선 단군 왕검의 할아버지 이름이 '제석' 환인인 것부터 박혁거세의 부인 알영이 태어날 때(BC 69) 석가모니가 마야부인 우협에서 태어나듯이 계룡의 좌협(삼국사기는 우협)에서 태어났다는 기록에 이어, 이 사금갑조에서는 이미 분향수도승이 비처왕 때 궁궐 내에서 막강한 권력자로 존재했다는 구체적인 일화

삼국유사,
여인과 걷다

를 통해 보여주는 것이다. 이에 따르면 우리나라에 불교가 전래된 것은 기원 전부터 서기 전후로 최소 수 백년 앞당길 수 있다.

또 하나 『삼국유사』 이야기에서 궁금했던 것은 신라시대 거문고 갑이 두 사람이 사랑을 나눌 수 있을 만큼 컸을까 하는 것이다. 『화랑세기』에 따르면 불륜 상대인 승려 묘심은 얼굴이 아름답고 섹시 가이여서 후궁들과 상통하였다고 한다. 『화랑세기』 필사본의 주인공인 박창화의 또 다른 저서 '남당유고'에서는 묘심이 천주사天柱寺의 도인으로 나온다.[1] 그는 선혜황후를 시켜 거문고 갑 안에 자객을 숨겨 왕의 침소에서 비처왕 암살을 시도하려 했다는 것이다.

그래서 결국 죽은 두 사람은 암살에 실패한 묘심과 그의 심복이 된다. 비처왕은 살던 궁이 요사스럽다 여기고 천궁에서 월성으로 거처를 옮긴다. 『삼국사기』에서 짧게 거처를 옮겼다고 기록한 내용과 일치하는 대목이다.

이 편지를 노옹이 들고 나온 곳이 지금의 경주 서출지書出池이다. 그리고 까마귀와 쥐, 돼지가 나와 사람의 말도 하고 임금을 구한 세 동물의 날을 조심하고 까마귀에게 찰밥을 주는 정월 대보름의 풍습이 여기서 유래하였다고 한다. 게다가 옛날 이야기 가운데 금도끼 은도끼의 원조가 될법한 신령

---

[1] 묘심의 아버지라는 천주공이 진흥왕의 아들이라는 설이 있으나 소지왕 재위(479~500)와 진흥왕 재위(540~576)는 최소 60년 정도의 격차가 있기 때문에 같은 인물로 보기는 어렵다. 오히려 천주사에 거주하였다는 기록이 신빙성 있어 보인다. 이 천주사 터에 관해 김시습은 신라왕의 내불당으로 당시 제석원으로 불리며 나라 사람들이 해마다 이름있는 꽃을 뜰에다 심어서 바치며 복을 빌었다고 하였다.

스런 노인이 연못 속에서 등장해 편지를 주는 이야기도 흥미롭다.

단순한 승려와 왕후의 잘못된 만남이 아니라 왕을 시해하려는 음모와 그것을 막으려는 세력과 천지신명의 도움, 그로 인한 세시풍속의 유래까지 '거문고 갑을 쏘다'에는 신라인의 사랑과 배신, 음모와 구출에 이르는 스릴과 서스펜스 넘치는 드라마틱한 영화 한 편이 펼쳐지고 있다. 거기에 사람 말을 하는 쥐와 까마귀, 돼지 두 마리는 '해리포터' 판타지 영화가 차용했나 싶을 정도로 스펙타클하다. 이처럼 『삼국유사』에는 서양의 신화나 전설과는 비견할 수 없는 스토리텔링 소재가 역사와 함께 치밀하게 조직되어 있다. 앞으로 K-Pop을 대체해 나갈 K-Classic의 원류가 『삼국유사』에 있다고 하는 이유가 여기에 있다.

신라의 표정

삼국유사,
여인과 걷다

사금갑의 무대 서출지

02

삼국유사 속 우리 개국 시조 어머니들

우리 어머니의 어머니는
웅녀일까 곰녀일까 곰례일까

⊛　　　　　　　'삼국유사, 여인과 걷다'에서 어쩌면 제일 중요한 인물
을 이야기해야 할 때가 왔다. 이 시리즈의 목적은 『삼국유사』 속 영웅들의
활약에는 그보다 훨씬 훌륭한 여인들이 바탕을 마련해주고 그들을 받쳐주
며 그들이 역량을 발휘하도록 뒤에서 진두지휘하고 있다는 것을 확인하는
것이다.

그 최초의 이야기로 돌아가 보자. 일연선사는 기이편 서문에서 중국 삼황오
제는 보통 사람과는 다르게 훨씬 기이하고 인간의 상식으로 헤아리기 어려
운 일들로 태어났는데 우리 삼국유사에 등장하는 영웅들의 신이함은 그에
비하면 개연성있다는 요지를 밝히고 있다. 그렇게 자리를 편 후에 등장하
는 인물이 단군왕검이다. 그 단군왕검을 만든 이가 하늘의 환웅과 땅의 웅
녀이다. 우리는 단군의 어머니 웅녀에 대하여 주목하고자 한다.

『삼국유사』에 전하는 우리의 어머니 시조 이야기는 다음과 같다.

환웅이 인간세상을 널리 이롭게 하겠다고[弘益人間] 백두산 신단수神檀樹아래로 내려왔다. 그는 하늘의 아버지 환인에게 천신이라는 상징으로 천부인天符印을 받았을 뿐 아니라 바람과 비와 구름의 신을 거느리고 곡식, 수명, 질병, 형벌, 선악 등을 주관하는 360여 가지의 일까지 완벽하게 갖추어 나라의 체제를 정비했다. 음력의 한 해가 360일인 것을 상기한다면 얼마나 상세하고 체계적인 국가의 플래너란 말인가. 21세기 현재에도 이러한 공약을 천명하기는 불가능한 전지전능한 리더이다.

이제 하늘에서 모든 것을 가지고 내려와 나라를 세웠으니 그 나라에서 살아가는 사람만 있으면 된다. 그때 이미 환인이 살펴보고 조사해서 환웅을 보냈겠지만 그 땅에는 곰과 호랑이가 같은 굴에서 살고 있었다. 이 곰과 호랑이가 그냥 액면 그대로의 동물이 아닌 국가 기틀의 상징이 될 역할을 맡고 있다는 것쯤은 다 아는 상식이다.

마치 서로 짠 것처럼 그들은 바로 환웅에게 와서 사람이 되기를 간절히 기원했다. 곰토템과 호랑이토템을 믿는 원주민의 귀속 과정이라고 생각할 수 있을 것이다. 그때 환웅의 그들에 대한 미션mission이 시작되었다.

쑥 한 줌과 마늘 스무 개를 주고 100일 동안 햇빛을 보면 안 된다는 것이다. 같은 동굴에서 살았다 했으니 거주하는 곳을 벗어나지 말라는 금기, 햇빛을 피하는 것은 어쩌면 어렵지 않았을지도 모른다.

그러나 쑥 한 줌과 마늘 스무 개라니. 하루에 먹어 치우기에도 부족한 이것을 둘에게 나누어 주었든 각각 주었든 턱없이 부족하기는 매한가지이다. 미선임파서블, 불가능한 미션이다.

그러나 곰은 해낸다. 그것도 100일이 아니라 주어진 시한을 5분의 1로 단축한 21일 만에 여자의 몸이 된다. 한편 호랑이는 그 금기를 지키지 못해 사람이 되지 못한다. 호랑이토템의 원주민이 탈락하는 순간이다. 이제 사람이 된 웅녀는 그 다음 목표로 나아가 아이를 갖고자 한다. 그 기도를 하필 환웅이 세운 도시(神市)의 신단수(神檀樹) 아래에서 한다. 여인이 되었으니 환웅에게 배필이 되어 달라는 당당한 요청이다.

환웅은 그 요구에 대해 자신은 하늘에서 내려온 신이지만 잠시 웅녀와 똑같은 사람으로 변하여 웅녀와 결혼을 한다. 서로 동등한 인간의 위치가 된 것이다. 그리고 아들을 낳았는데 그 이름을 신단수의 단(檀)과 같은 '단(檀)君, 웅(熊)녀의 '곰'과 유사한 왕 '검(儉)'이라고 하였다. 환웅과 웅녀의 이름에서 하나씩을 취한 그들의 아들임을 천명한 이름, 그것은 '신단수 왕이자 왕곰'의 뜻으로 지었을지도 모를 일이다.

이러한 비슷한 내용의 곰녀 신화는 공주 고마나루에서도, 의성 곰사당에서도, 만주 에벤키에서도 아주 흡사하게 나타난다. 모두 곰이 사람과 동거하여 자식을 낳는 시조모로 등장하는 것이다. 그러나 이들 이야기는 남자가 떠나자 곰은 태어난 자식들과 함께 죽는 비극적인 결말로 맺고 있다.

오직 단군왕검만이 비로소 조선(朝鮮)이라는 나라를 세운다. 아버지의 수도 백두산 신시가 아닌 평양성에 노읍하여 ㄱ 자신의 '난군소선, 왕검조선'이라는 나라를 세우고 그 역사가 장장 1,908년에 이르게 되는 것이다. 이쯤에서 우리는 시조모 웅녀에 대하여 생각해 봐야 한다.

웅녀는 단순히 곰이었다는 전설에 가려 끝내 곰으로 치부되고 말 것인가.
환웅과 웅녀의 아들 이름이 단군 왕검인 것이 예사롭지 않은 또 하나의 이
유는 '검, 곰, 감, 금'은 어원이 같기 때문이다. 개마고원의 '개마', 고마나루
의 '고마'가 그것이다. 이 말의 뜻은 무엇인가.

상(上)·대(大)·신(神)·신성(神聖)을 뜻하는 고어인 감·검·금, 일본어의 カミ(가미)·カム(가무), 곰
(熊)·신(神)을 뜻하는 아이누어(語)의 'Kamui' 등은 모두 비슷한 뜻의 말인 듯하며, 곰에서
유래하였다.

곰의 고어는 고마이며, 북방민족에서 흔히 볼 수 있는 토테미즘에서 비롯되었다. 백제
의 고마(곰)나루(熊津)·고마성(固麻城 : 熊津城)도 역시 같은 사상에서 나온 것이다.

〈두산백과〉

환웅의 웅은 영웅 '雄'이지만 곰 '熊'자와 음이 같다. 한자는 비슷한 음을 가
져다 쓴 음차일 수도 있다. 실제 지금의 공주는 '곰주'였는데 '곰'이라는 한
자가 없어 가장 가까운 음인 '공'으로 표기한 것이다. 환웅과 웅녀, 두 '웅'의
아들이 왕곰이라 한들 무엇이 이상하랴. 이방인은 하늘에서, 토착인은 땅에
서 둘이 만나 결합하여 나라를 이루고 그들 사이에서 태어난 아들이 명실상
부 온전한 우리 역사가 시작되는 첫 나라를 열었다.
그 시조의 어머니가 우리가 깊이 생각하지 않고 친숙하게 부르는 '곰네, 곰
네, 곰례'로 면면히 이어져 내려온 '웅녀'의 현재화된 이름일지도 모른다.

그렇다면 우리의 시조모 웅녀의 이미지는 어찌하여 우둔하고 미련한 '미련 곰탱이'가 되었단 말인가. 가장 토속적이고 가장 친숙하다 못해 흔해빠진 그 이름 곰녀에는 우리 지모신의 흔적이 들어 있다. 쑥 한 줌과 마늘 몇 개로 100일을 견디겠다고 결심하고 그 인내와 끈기로 스무하루만에 목표를 성취한 우리 어머니의 어머니.

모계중심 사회에서 부계중심 사회로 넘어가며 여신이나 신모 등 여성들의 이야기에 어떠한 날조와 왜곡을 가해 남성 중심의 역사만 남아 있게 되었는지 우리는 모른다. 그렇게 잊혀지다 못해 부정적인 이미지만 덧칠되고 부각된 채 보잘 것 없어진 여성의 역사. 그나마 이렇게라도 아주 사라지지 않고 목숨을 부지해온 우리의 시조모, 어머니의 어머니를 곰곰이 생각하면 고맙기조차 하다. 이렇게 쓰다 보니 퍼뜩 '곰곰'이란 단어도 예사롭지 않다는 생각과 더불어 우리 옛말 '고마ᄒ다'라는 말이 떠오른다.

'공경하다(공손히 받들어 모시다)'의 옛말.
부톄 마조 나아 마ᄌᆞ샤 서르 고마 ᄒᆞ야 드르샤 설법^{說法}ᄒᆞ시니

- (출처 : 석보상절(1447) 6:12)

(부처께서 마주 나와 맞으시어 서로 공경하여 들어가 설법하시니)

어쩌면 이 말에서 '고마'의 단서를 찾을 수 있을지도 모르겠다. '경건하게 공경한나'는 의미의 '고마'인 것이다. 그 '고마'가 곰이고 웅녀인 것이다. 그리고 이렇게라도 남아 주어서 '고맙다'고 생각한 순간 이 말 또한 '고마'에서

나온 같은 어원이 아닌가.

고맙다 1
[형용사] 남이 베풀어 준 호의나 도움 따위에 대하여 마음이 흐뭇하고 즐겁다. 유의어 : 은혜롭다, 감사하다

고맙다 2
[옛말] 공경할 만하다. 모음으로 시작하는 어미 앞에서는 '고마오-'로 나타난다.

우리의 시조모 웅녀는 곰녀도 곰네도 아닌 '경건하게 공경하고 받들어야 할 지모신地母神고마'. 이렇게 생각지도 못하게 우리 DNA, 모국어의 직관으로 나투시는 단군의 어머니이자 우리의 시조 어머니 고마의 위상을 최소한 남편 환웅이나 아들 단군만큼이라도 되찾아드려야 할 시간이다.

고구려의 어머니 유화,
부여신으로 우뚝 서다

세상의 모든 어머니도 한 때는 누군가에게 하늘 위 하늘 아래 홀로 빛나는 아리땁고 매력 넘치는 아가씨였다. 경국지색일수록, 세상을 들었다 놨다 할 만큼 아름다울수록 그네들의 인생은 파란만장하다. 물의 신 하백의 딸이요 하늘신 해모수와 짧고 강렬한 사랑을 했고 부여왕 금와가 그 사정을 알고도 자기 궁에 거두어 사모했던 유화, 걸출한 고구려 시조 동명성왕 주몽을 낳아 아들은 고등신, 어머니인 자신은 부여신이 되어 고구려를 수호한 유화의 인생도 또한 그렇다. 그 시간속으로 여행을 떠나보자.

일연은 고구려를 졸본부여라 명시하고 요동의 경계로 영토를 확장한다. 『삼국유사』의 영도관은 우리가 배운 한반도의 역사를 훌쩍 뛰어넘기 일쑤이다. 그야말로 광활한 만주 벌판을 무대로 고구려와 부여는 같은 나라에서 갈라져 나온 역사를 지니고 있음을 이 이야기는 전하고 있다.

하늘의 왕 해모수가 다섯 마리 용이 끄는 수레를 타고 흘승골성(현재 요령성 오녀산성 추정)에 내려와 '북부여'를 세운다. 그 아들 해부루가 동쪽으로 옮겨가 동부여를 세우고 자식 없던 그는 금개구리 형상의 금와를 얻어 왕을 삼는다.

이때 등장하는 유화, 금와는 태백산 우발수에서 유화를 만나 다음과 같은 이야기를 듣는다.

북부여를 세운 해모수가 유화를 유인해 아내로 삼는다. 그리고는 돌아오지 않자 아버지 하백이 부모의 허락없이 혼인한 것을 꾸짖어 금와가 다스리는 동부여로 귀양 보냈다는 것이다. 이야기를 들은 금와는 그녀를 데려와 방에 가두었다고 한다. 여기까지가 『삼국유사』의 간략 스토리이다.

이규보의 『동국이상국집』 '동명왕편'에는 그 전말이 더욱 자세하다. 북부여를 세운 해모수가 백여 명의 신하들이 새를 타고 호위하는 기상이 넘치는 모습으로 하늘에서 내려와 아침에는 북부여를 다스리고 저녁에 하늘로 돌아갔다 한다. 하늘과 땅 사이를 출퇴근하는 장대한 스케일의 부여 시조. 성 너머 맑은 강물 흐르는 곳의 하백의 딸 세 자매가 하나같이 아름다웠는데 해모수는 그 중 하나를 왕후로 삼고자 하였다. 그리하여 아름다운 궁전을 지어놓고 세 자매가 들어와 술 마셔 취하도록 하고는 그 중 맏딸 유화를 잡은 사이 두 딸은 달아났다는 것이다. 이렇게 해서 사사로이 정을 통한 것을 알게 된 아버지 하백이 해모수를 불러 꾸짖고 천제임을 증명해 보라 해 펼쳐진 한 판 승부.

해모수가 다녔을법한 히말라야 하늘

하백이 먼저 잉어로 변하니 해모수는 수달로 변해 잉어를 잡고, 꿩이 되면 매로, 사슴이 되면 승냥이가 되어 해모수의 일방적 승리로 돌아간다. 그러나 2라운드가 준비되어 있었으니, 하백은 해모수에게 똑같이 술을 대접해 취하게 하고 유화와 함께 가죽 수레에 태워 함께 하늘로 보내려 한다. 그러나 그 순간 술이 깬 해모수는 유화의 비녀로 빈틈없이 만든 가죽 수레를 찢고 홀로 가버렸다.

여기서 알 수 있는 것은 술의 유구한 역사가 부여와 고구려 시절부터 확인된다는 사실이다. 그리고 술로 인하여 운명이 결정된 숱한 인생의 역사가 알고 보면 유화와 해모수라는 조상의 유전자 탓일지도 모른다는 깨달음과 안도.

어쨌든 더욱 화가 난 하백, 유화의 입술을 석자나 당겨 동부여 우발수로 내쫓았다. 이렇게 만나게 된 금와왕이 입술이 길어져 말 못하는 유화를 세 번에 걸친 입술 복원 수술 끝에 자초지종을 듣게 된다는 것이 이규보의 서사시 '동명왕편'이다.

시간의 축지법을 쓰는 할아버지 해모수와의 애정관계는 잠시 눈감아 주기로 하자고 마음먹었을 금와, 유화를 별궁에 데려와 살게 했건만 결국 금와에게 유화는 그림의 떡. 하늘신이자 태양신인 해모수의 아내 유화는 해모수의 상징인 햇빛을 리모트 콘트롤로 받아 임신을 하게 되고 마는 것이다.

닭 쫓던 개의 신세가 된 금와의 갖은 방해공작에도 불구하고 닷되들이 알로 태어난 주몽은 천지 자연의 비호를 받으며 비범하게 성장했다. 일곱 살에 이미 기골이 장대하였고 잠잘 때 덤비는 파리를 잡겠다고 활을 만들어 백발백중 명사수의 대명사로 불리는 '주몽'이 되었다. 그것으로 그의 이름이 굳어져 주몽은 이제 천하의 고유명사가 되었다. 그러한 주몽에게 금와왕의 일곱 아들은 열등감과 긴장감을 느끼지 않을 수 없었다. 아버지 금와에게 그를 제거하라 읍소하지만 그 말을 듣지 않고 금와가 주몽에게 시킨 일은 말을 사육하는 일이었다.

과연 의붓아들이지만 왕자격인 주몽에게 시킬만한 일일까 언뜻 의아할 수도 있다. 그러나 명궁수 주몽에게 걸맞는 준마만 갖춰지면 천하무적이 될 것을 모를 리 없는 금와가 어쩌면 아들들과 주몽의 앞날을 위해 계획한 일이었는지도 모르겠다.

이제 이쁘고 순진하여 기구하기만 했던 인생의 코스프레를 벗어 던질 차례인 유화, 아들에게 준마의 혀에 바늘을 찔러 여위게 만드는 지략을 가르친다. 결국 금와에게 그 말을 얻은 주몽은 부여를 떠나게 된다.

심심할 틈 없이 잘 짜여진 영웅만들기 스토리텔링대로 금와의 맏아들 대소는 기병을 거느리고 주몽을 추격한다. 엄수에 가로막힌 주몽은 물을 향해 "나는 천제의 아들이요 하백의 손자다"라고 선언하고 도움을 청한다. 그러자 홍해가 갈라지는 서양과는 반대로 물고기와 자라들이 몰려들어 다리를 만들어 건네고는 재빨리 흩어졌다는, 보다 개연성 넘치는 우리의『삼국유사』. 그리하여 주몽이 졸본주(현토군)에 고구려를 세운 이 때가 한나라 효원제 기원전 37년이었다는 것이다.

그 후 동부여의 대소는 어떻게 되었을까. 주몽의 손자인 3대 무휼왕에게 공격당해 죽음을 맞는다는 깨알같은 후일담도『삼국유사』에 전한다. 그러면 주몽의 어머니 유화는 어떻게 되었을까. 그녀는 고구려를 세운 아들에게로 갈 수 없었을 것이다. 금와왕의 별궁에서 살았다 하니 후궁 정도의 지위로 주몽을 경계하는 왕자들의 사실상 인질 내지 볼모로 살았을 것이다. 그럼에도 불구하고 〈위지 고구려전〉에 의하면 고구려에서는 유화를 '부여신^{扶餘神}'이라 이름 지어 신묘를 세우고 제사 지냈다고 한다. 아들 주몽도 고구려 시조로서 '고등신^{高登神}'이 되어 어머니 '부여신'과 함께 목각 신상으로 기려졌다는 것이다.

부여 라는 말의 어원은 만주어 puhu의 '사슴'에서 기원했다는 설과 평야^{平野}를 의미하는 벌^[伐·弗火·夫里]로 변하였다는 설이 있다. 유화는 글자 그대로 버드나무 꽃으로 몽골에서는 샤먼의 나무요 불교에서는 관세음보살의 상징이기도 하다. 곧 유화는 지금의 만주벌이든 사슴의 뿔로 상징되는 신성한 자리에서든 관세음보살 같은 모습으로, 우리 어머니의 어머니로 세세생생 살아 계신 우리 역사 속의 대모신이 된 것이다.

또 한편 유화를 신격화하는 장치들을 『삼국유사』에서 발견할 수 있다. 유화와 신라 시조 알영의 공통점은 둘 다 새부리처럼 긴 입술을 가졌다는 것이다. 또 유화는 마야부인처럼 옆구리로 아들을 낳았다. 이 아들이 주몽으로 신라의 시조 박혁거세와 같은 알로 태어났고 그 알을 해치려 할수록 천지자연의 보호를 받았다는 사실이다.

물의 신 하백의 맏딸로 태어나 천신 해모수의 연인이자 동부여 금와왕을 두 번째 남자로 삼은 유화, 부여와 고구려를 아우른 극강의 매력과 지혜의 여신. 주몽의 어머니가 되어 고구려에 오곡을 심게 한 곡식신이자, 부여에 끝까지 남아 고구려를 지켜내고 사후 부여신이 된 버들 아씨. 이것이 『삼국유사』속 여인 유화의 실체이다. '고려도경' 이란 책에는 동신성모東神聖母라고도 하였으니 아들 동명성왕東明聖王과 걸맞는 명실상부한 우리 동방의 성모로 자리매김한 것이다.

돌아가신 필자의 어머니도 사후 딸의 '부여신'이 되셨다. 세상 어디에나 편재하신 어머니. 비단 우리 어머니뿐일까. 이 세상 모든 아들 딸들의 어머니는 살아서도 죽어서도 천지신명이 되어 우리를 보살피고 계시다. 어머니가 떠나신 후 한동안 혼자 문득문득 밀려오는 슬픔을 가눌 길 없었다. 그러면 거짓말같이 툭! 마른 하늘에서 눈물방울 같은 빗방울이 떨어지기도 하고, 망연히 앉아 있노라면 도무지 날아올 것 같지 않은 고층 아파트 베란다에 새 한 마리가 나를 응시하다 떠나곤 했다. 그 후 내 앞에 펼쳐지는 천지자연의 일상들이 예사롭지 않게 느껴진다. 혹시 아는가, 편만자재한 유화부인의 아들과 후손 사랑이 지금까지 이어져 우리의 대지와 그 안에 살고 있는 주몽의 후예들의 몸과 마음을 어루만지고 있는지도.

알영, 잊혀진 신라의 첫 여왕
신라 시조 박혁거세와 함께 동등한
성군으로 추앙받다

우리는 박혁거세는 알아도 알영은 잘 모른다. 어디 알영뿐이랴. 모든 시조의 부인은 우리 관심 밖이다. 그러나 알영은 박혁거세와 동등한 지위의 탄생설화와 신라 건국의 어머니로서 그 역할을 당당히 해냈던 신라 시조 이성二聖의 한 사람이다. 여왕의 나라라 일컬어지던 신라는 알영이 있었기에 선덕여왕을 위시한 진덕, 진성이 그 뒤를 이을 수 있었는지도 모른다. 뿌리란 이토록 깊은 것이다.

한편 또 다른 알영의 탄생 설화도 『삼국유사』 곳곳에 전한다. 서술성모, 선도산 성모로 불리는 시조모로부터 박혁거세와 알영이 태어났다는 이야기도 감통편 '선도성모 수희불사' 조에 실려 있다.

'계림'이라는 나라 이름도 알영의 탄생과 관계가 있다. 나라 이름을 정한 것이 '왕'이 계정鷄井에서 태어났기 때문이라 하였다. '계룡이 상서를 나타냈기 때문'이라는 설명은 계룡의 겨드랑이에서 태어난 알영을 가리키고 있다. 그럼에도 불구하고 남성중심 사관의 학자들은 박혁거세가 태어난 나정^{蘿井}을 잘못 쓴 것이라고 생각했지만 계룡에 대한 이같은 구체적 부연설명으로 지극히 건강부회한 생각이라는 것이 드러났다. 그 뒤 이어지는 분명한 '왕'이라는 표현까지 주목하면 알영은 그저 왕비가 아니라 왕이라는 사실이 더욱 분명해진다.

이제 그 스토리를『삼국유사』에서 자세히 들여다보자.

아이영, 아영이라고도 불리던 계룡의 딸이 태어난 곳은 사량리 알영정 가이다. 나중에 사량리와 모량리로 대표되는 지역의 첫 등장이 알영인 것도 시사하는 바가 크다. 원측의 혁혁한 성과에도 모량리 출신이어서 승직을 받지 못했다는 후일담은 유명하다.

그곳 사량에 계룡이 나타나 왼쪽 겨드랑이에서 여자 아이를 낳았을 때가 기원전 69년의 일이다. 심지어『삼국사기』에서는 석가모니의 출생과 같은 우협^{右脅}으로 알영이 탄생했다고 하는데 이것은 무엇을 의미하는 것일까. 단순히 불교가 전래한 다음에 신성화시킨 윤색에 지나지 않는 것일까.

그렇게만 보기에는 무리인 것이『삼국유사 가락국기』에도 서기 42년에 16나한이 살만한 터 신답평에 수도를 정했다는 기록이 등장한다. 이처럼 불교 전래의 역사는 우리가 줄곧 외웠던 고구려 소수림왕 372년이 아닌 서기 전후로 올라갈 수 있는 전거들이『삼국유사』에는 도처에 가득하다.

또 하나의 이설로 용이 죽어 배를 갈랐더니 알영이 나왔다는 이야기도 전한다. 어쨌든 그렇게 물을 상징하는 용과 석가모니 탄생을 결합한 알영의 출

삼국유사,
여인과 걷다

현에도 '모습과 얼굴이 유달리 고왔으나[姿容殊麗] 입술은 닭의 부리[脣似雞觜]'처럼 생긴 것이 옥의 티였다.

그러나 월성 북천에 목욕했더니 부리가 떨어져 나가 그때부터 북천은 발천橃川으로 불리었다고 한다. 우리에게 그런 신령한 곳이 있었다니 경주 사람들은 알까 모르겠다. 지금이라도 그곳에 가서 목욕을 하면 어떨까. 모두 씻기만 하면 원하는 모습이 되는 자연 성형외과의 원천이 지금도 경주 시내를 유유히 흐르고 있다.

남산 서쪽 기슭 창림사터에 궁실을 짓고 박혁거세와 함께 자란 알영, 태어난 우물로 이름을 지었다고 한다. 알영, 아리영, 아영 등 '아'로 시작되는 이명이 더 많은데 신기한 것은 『삼국사기』에 전하는 알영의 딸 이름은 '아로', 아들 남해차차웅의 부인은 '아루', 탈해왕의 부인은 '아로, 아니, 아효' 등으로 '아'가 많이 등장한다는 사실이다. 심지어 혁거세의 찬모격인 해척海尺의 이름도 '아진의선'이다. 그리고 보니 김유신의 누이 이름도 보희, 문희와 함께 '아해, 아지'로도 불린다.

뿐이랴. 연세 많으신 우리 어머니 세대에서도 심심치 않게 등장하는 이름들이다. 따라서 신라 여시조의 이름이 후대 이름에 절대적인 영향을 주었음을 볼 수 있다. '아'에 담긴 다빈치 코드는 이제부터 여러분이 풀어 보시기를.

그리하여 열 세살이 되던 해 혁거세와 알영은 결혼을 했다. 현대의 우리보다 훨씬 성숙한 조선시대 이팔 청춘 이몽룡 성춘향 스토리가 아니더라도 우리 할머니의 선조라면 신라시대 열세 살은 당시 적령기일지도 모른다. 그때가 BC 57년이다.

『삼국사기』 기록에는 왕이 된 지 17년에 6부를 순행하며 위문하는 길에, 왕비 알영도 함께 가서 '백성들에게 농사와 양잠을 권하고[勸督農桑] 땅의 이로움을 충분히 이용하도록 하였다[以盡地利]'고 한다.

알영이 박혁거세와 함께 통치를 하는 중요한 장면이다. 우물가에서 태어나고 계룡의 '용'이 물을 상징하는 수신 내지 해신인 것도 알영의 주관 영역이 치수가 중요한 농업을 관장하는 것으로 보기도 한다.

그 후 그렇게 아들 딸 낳고 잘 살면서 61년을 다스리고 하늘로 올라간 혁거세가 7일 후 머리와 사지가 따로따로 땅에 떨어지자 알영도 세상을 떠났다고 전한다. 5등분 된 혁거세의 시신을 다섯 능에 장사 지내 오릉이 되었다고 하는데 그렇다면 알영의 무덤은 어떻게 된 것일까. 현재 오릉은 1대 혁거세와 알영, 2대 남해, 3대 유리, 5대 파사 등 5명의 분묘라 전해진다. 여기서도 외래인인 4대 탈해가 빠지고 직계 후손들로 구성된 것이 흥미롭다.

궁금한 점이 꼬리를 문다. 혁거세는 왜 하늘로 올라가서 5등분으로 떨어졌을까. 경주에 내려오는 전설에 의하면 혁거세가 밤마다 말을 타고 어딘가 다녀오는 것을 수상히 여긴 알영이 말 갈기에 빈대로 붙어 따라갔다가 하늘신에게 들키자 노여움을 타 그렇게 최후를 맞이했다고 한다. 이 전설과 관련시키면 알영의 최후도 박혁거세와 함께 했음을 알 수 있고, 떨어진 곳이 알영정이 있는 권역임을 들어 알영이 혁거세와 대등한 또는 그 이상의 위상을 가지고 있음을 보여주는 단초라고 보기도 한다. 어찌됐든 이 전설은 갑자기 하늘로 올라가 죽어 산산이 흩어진 혁거세의 최후와 알영의 죽음을 개연성있게 만들어준다. 이 두 왕의 아들인 2대왕 남해 차차웅은 누이 아로로 하여금 시조묘에 제사 지내게 했다는 기록도 전한다.

이때부터 종교와 정치, 제정祭政이 분리되는 것으로 보는 견해도 있다. 이처럼 박혁거세에 가려 이름만 남아 있던 알영은 단순히 '알영부인'이 아니라 신라 건국의 이성二聖, '알영여왕'으로서 당당히 신라역사를 열었던 그 위상을 다시 회복해야 할 것이다. 고구려 건국의 어머니 유화가 농업신이자 부여신으로 우뚝 섰던 모습처럼 알영은 신라를 건국하고, 시조모이자 지모신으로서 농사와 치수 나아가 양잠에 이르기까지 농업국가의 기틀을 다진 명실공히 신라의 어머니였던 것이다.

박혁거세와 알영이 묻힌 경주 오릉

가야의 첫 황후는
인도 아유타야국의 공주 허황옥
연상연하 커플의 원조,
당당한 그녀의 카리스마

1989년 인도에 갔었다. 그때만 해도 인도에 가는 사람이 별로 없었다. 특히 여성 여행자는 출입국 담당자조차 처음 봤다고 하였다. 지금은 인도에 가면 인도 사람 다음으로 한국 사람이 많다는 우스개가 생길 정도이다. 우리의 급속한 세계화를 단적으로 보여주는 일화이다. 그런데 그 인도에서 무려 2천년 전인 서기 48년에 우리나라 가야로 시집 온 인도 공주가 있었다.

아유타야국 허황옥, 지금의 김해 지방인 가락국에 나타난 그녀는 남달랐다. 카리스마 하나만 보더라도 우리나라 역대 어떤 개국의 시조와도 견줄 수 없을 만큼 위풍당당하다. 그리고 우리 할머니 세대까지 만연했던 결혼 풍속이었다가 요즘 다시 하나의 트렌드로 급부상하고 있는 연상연하 커플의 시조모이기도 하다. 남편 김수로보다 열 살 연상이니 21세기 현대 커플과 비교해도 절대 손색이 없다.

이제 삼국유사에만 남아있는 그들에 대한 기록을 더듬어 황옥과 수로가 살았던 가야라는 나라로 시간여행을 떠나보자.

가락국은 가야라고도 불리는데 『삼국유사』에는 '가락국기'라고 제목을 붙였다. 이 나라의 시조인 김수로왕은 서기 42년 계욕일(삼월 일일 또는 삼월 삼짇날)에 알에서 태어난다. 그리고는 태어난 지 열흘 만에 구척 장신으로 자란다. 토착 세력인 9간들은 그를 왕으로 삼고 48년에, 그러니까 김수로의 나이 여섯 살 때 저들의 딸 중에서 배필을 삼고자 했지만, 수로는 내가 하늘의 뜻으로 가야에 내려왔듯이 나에게 맞는 배필도 하늘이 정해줄거라고 거절하였다.

과연 미리 그 배필과 연락을 주고받고 기다리고 있었던 게 틀림없던 그해 서기 48년 7월 27일, 아유타야국의 공주 허황옥이 기다렸다는 듯이 납신다. 수로는 우선 그의 최측근 유천간留天干에게 배와 말을 준비시켜 망산도로 가서 기다리게 한다. 또한 측근 신귀간神鬼干에게는 승점으로 가게 했는데 아니나 다를까, 바다 서쪽에서 붉은 돛배가 붉은 기를 휘날리며 북쪽을 향해 오고 있었다.

그것을 본 유천간이 먼저 봉화를 올리자 배를 타고 있던 사람들이 육지로 뛰어내렸다. 신귀간은 그 사실을 수로왕께 아뢰니 남은 구간들까지 목란으로 만든 키와 계수나무 노를 저어 허황옥 일행을 맞이하게 한다. 궁궐로 안내하려는 그들을 향한 허황옥의 일갈이 넛지다.
'내 어찌 그대들을 처음 보는데 경솔히 따라 가리오.' 그 말을 전해 들은 수로는 그제서야 아뿔싸, 자신의 불찰을 만회하기 위하여 부랴부랴 신하들을 데리고 대궐 아래 임시로 가설한 천막 영빈관이자 초례청이라 할 허니문 하우스를 만들어 놓고 기다린다. 허황옥의 거침없고 예사롭지 않은 거동 2탄을 살펴보면, 황옥은 망산도 밖 별포 나루에 내려 언덕에 올라가 잠시 쉬더니 그녀가 입고 있던 비단 바지를 벗어 산신령에게 폐백을 드리는 퍼포먼스를 펼친다는 것.

이에 대한 해석과 의미는 인도 처녀가 결혼을 할 때의 풍습이라고 하는데 리그 베다의 '혼인의 노래'에 비슷한 내용이 나온다. 더 자세한 내용과 왜 산신령에게 폐백으로 드리는가는 과제로 남는다.

그리고 나서야 그녀의 경호실장과 비서실장격인 신보와 조광 부부와 노비 20명을 비롯한 금수능라, 금은주옥, 갖은 패물을 안고 수로에게 나아간다. 수로는 버선발로 맞아 영빈관에 모신다.

난초 음료와 혜초 술로 황옥을 대접하고 화려한 무늬로 짠 잠자리며 준비한 옷과 비단보화로 감싸주는 수로. 호위무사로 지키게 하고서야 그야말로 국제적이고 우주적인 인도와 하늘에서 내려온 커플이 침전에 든다. 둘만이 있게 되자 강단있는 허황옥의 자기 소개 시작!

'나는 아유타야국의 공주, 성은 허씨요 이름은 황옥인데 나이는 방년 16세입니다.' 수로보다 10살 많은 연상연하 커플이라기보다, 꼬마 신랑과 이팔 청춘 꽃다운 처녀의 만남이 더 맞는 표현일지도 모르겠다. 이어지는 수로와 운명적 만남에 관한 황옥의 히스토리!

"두 달전 5월 그러니까 48년 5월에 우리 부모는 같은 날 똑같이 옥황상제의

꿈을 꾸었는데, 상제께서 '그대의 딸을 수로와 배필이 되게 하라'는 말씀이
있으셨답니다."

이 말을 들은 키만 구척장신, 어린 꼬마신랑 수로도 질세라 대꾸한다.

"나는 나면서부터 성스러운 존재, 장가들라는 신하들의 성화에도 그대가
올 것을 알고 있었기에 이렇게 정절을 지키고 있었다오. 공주가 오셔서 아
주 행복합니다." 각본대로 마치 짠 것처럼 둘은 7월 28일 만나 혼인하고 꿈
같은 영빈관 2박 3일의 허니문을 마친다. 그리고 8월 1일 정오 즈음 수로와
황옥은 궁궐에 나란히 입장했다고 기록한다. 이렇게 정확한 역사적 기록이
또 있을까. 가락국기는 특히『삼국유사』안에서도 정확한 연대기를 자랑한
다. 신행을 마치고 궁궐에 들어오는 시간이 그렇게까지 중요한 사안일까.
가야인들의 역사를 대하는 정확한 태도의 일면을 엿볼 수 있다.

허황옥을 기다리던 망산도

이제 배필을 얻은 수로는 수신제가^{修身齊家}하였으니 치국^{治國}할 차례, 나라의 직제 개편에 나선다. 우선 촌스러운 구간의 이름 아도^{我刀} 여도^{汝刀} 피도^{彼刀}등의 칼 도^刀자부터 고상하게 아궁^{我躬} 여해^{汝諧} 피장^{彼藏}으로 바꾼다. 신라와 주나라, 한나라를 벤치마킹하여 벼슬의 직제, 법과 제도를 정비하고 수로와 황옥은 함께 애민 정치를 베푼다. 이 정치를 허황옥과 함께 하고 있다는 것이 중요한 키포인트이다. 그것은 그야말로 백성을 자식처럼 사랑하고 엄하게 다스리지 않아도 위엄이 서고 교화가 되었다고 한다. 특히 수로와 황옥의 다스림을 다음과 같이 기록하고 있다.

'수로가 하늘이면 황옥은 땅, 수로가 해라면 황옥은 달, 수로가 양이라면 황옥은 음'이었다는 것이다. 이것은 지금까지 남아있는 남존여비나 남성 중심의 상하 관념이나, 하나는 위대하고 하나는 보잘 것 없다는 비유가 아니다. 하늘은 땅이라는 경계가 있으므로 비로소 하늘이 될 수 있고, 달이 없으면 해도 그 빛을 비교할 상대가 없어지는 법이다. 그리하여 음양의 이치가 생긴 것이요, 서로의 짝이 있어야 각자를 더욱 빛나게 하는 상생의 역할을 발휘한다는 뜻이다. 이러한 해석을 뒷받침해주는 증거는 또 있다. 허황옥의 역할은 마치 하나라를 흥하게 만든 우왕의 부인 도산씨와 같았고, 요임금의 딸들이 순임금과 결혼해 교씨를 흥하게 한 공로와 같다고 하였다. 황옥이 있어 가야라는 나라가 흥하고 자손을 이어가야 왕조가 계승될 수 있었다는 의미이다.

이렇게 여왕노릇을 잘 하던 황옥은 드디어 곰에 대한 태몽을 꾸고 48년 아들 거등공을 낳는다. 가야에서도 단군의 출생처럼 곰토템은 중요했던 모양이다. 하나라 우왕의 아버지 곤도 죽어서 곰이 되었다고 하는 것을 보면 중

삼국유사,
여인과 걷다

허황옥의 오빠 장유화상 부도(장유사)

국과 우리나라에 곰이 상징하는 위상을 가늠할 만하다. 그 후 허황옥은 자녀의 수가 10남2녀설, 9남설, 7남설 분분하지만 그 중 두 아들을 자신의 성인 김해 허씨로 삼아 지금까지 이어지고 있다는 것만은 분명한 사실이다. 이로 인하여 김수로왕의 후손인 김해 김씨와 김해 허씨는 이성동본, 성은 달라도 한 자손이므로 동성동본과 같이 결혼하지 않는다고 한다. 또 하나, 허황옥의 아들들에 대하여 전해 내려오는 이야기는 일곱 아들이 모두 출가해 성불했다는 지리산 칠불암의 주인공 일화이다. 한편 10남 2녀설의 2녀는 신라 벌휴왕의 왕비와 왜의 야마다이국 히미코천황이 되었다는 설이 있다. 한마디로 인도공주 허황옥 가야를 세우고 가야공주 일본을 세우다라는 이야기인데 앞으로 살펴야할 즐거운 테마이다.

황옥은 그렇게 의연하고 당당하게 왕노릇을 하며 자식들을 훌륭히 키워낸 후 189년 157세로 세상을 하직하였다 하니 황옥의 출생을 되짚어 계산하면 서기 32년생이다. 사람들은 서거한 황옥을 수로왕이 처음 나타난 구지봉에 장사지내고 자식처럼 사랑했던 백성들은 황후를 기려 그녀와 관련된 유적지에 이름을 붙인다.

황후가 배에서 내린 도두마을은 임금님 오신 포구 '주포촌主浦村'으로 이름지었다. 황후를 뜻하는 '후포촌后浦村'이 아님에 유의하시라. 또 허황후가 처음 붉은 돛대 붉은 깃발 펄럭이며 도착한 바닷가는 '기출변旗出邊'. 나랏 사람들이 그녀를 얼마나 사랑하고 추앙했는지를 단적으로 보여주는 증거들이다.

허황옥이 죽은 후 수로는 세상에 없는 열부의 모습을 보여준다. 왕비 없는 10년 동안 목수독방하며 베개를 안고 눈물로 지새우다 199년 3월 23일 158세로 세상을 떠난다. 나라에서는 부모를 잃은 것처럼 슬퍼하며 1월

3일, 7일, 5월 5일 단오, 8월 5일, 15일 추석에 제사를 지내는데 마지막 9대 왕 구형왕까지 한 번도 끊이지 않았다. 또한 황옥처럼 수로왕을 기리는 행사가 있었으니 모두 황옥과 관련된 가야식 올림픽의 개막이다.

내용인즉슨 매년 7월 29일 황옥이 오던 날 마을사람, 말단공무원, 군인들이 승점乘岾에 장막을 치고 음주가무 축제를 벌이는 것이다. 특히 백미는 동쪽과 서쪽으로 건장한 장정들이 두 패로 나뉘어 하는 올림픽 시합인데 다음과 같다.

첫째 망산도望山島에서 말타고 육지를 향해 달리기. 이것은 허황옥의 출현을 수로왕에게 알리는 경기이다.

둘째 배를 띄워 물 위로 밀며 북쪽 고포에 먼저 닿기 시합. 이 경기는 허황옥이 비단바지를 벗어 폐백 드리던 별포로 목란과 계수나무로 노저어 마중가는 게임일 테고… 셋째 유천간과 신귀간이 허황후 도착 소식을 수로왕에게 알리기 마라톤이다.

2014년부터 부산과 김해에서 '허황후신행길 축제'가 열리고 있다. 그러나 『삼국유사』에 기록된 올림픽을 재현하는 내용은 안 보인다. 이왕이면 역사와 문화를 전승하던 맥을 이어 원전에 충실한 가야 올림픽 정신을 구현하면 어떨까.

그밖에도 '가락국기'에는 숨겨진 다빈치 코드들이 많다. 예를 들면 수로왕의 이름 '수릉'과 단오의 우리말인 '수릿날'에 '수로왕의 제사를 지내는 것'이 그것이다. 수로와 단오의 유래가 겹쳐져 있을 관련성이 높은 것이다.

또한 '가락국기'에는 자세하게 기록되지 않았지만 김해와 부산 지역에는 허황후와 수로왕, 허황옥과 함께 왔다는 그의 오라비 장유화상, 불교와 차의 전래 등에 관한 유적지가 많다. 초야를 보냈다는 명월사였던 현재 부산 홍국사, 파사석탑을 싣고 바다를 무사히 건넌 것을 감사하기 위해 지었다는 해은사, 장유화상이 지었다는 김해 신어산 은하사와 2대 거등왕이 부모를 위해 지었다는 부은암, 모은암, 수로왕의 다섯째 아들이 지었다는 김해 봉하마을 자은암 등이 그 예이다.

특히 '가락국기'에 실린 왕후사와 장유사에 깃든 흥망성쇠의 아이러니도 되짚어 보아야 할 일이다. 두 절의 창건은 500년 정도의 거리가 있다. 먼저 왕후사는 8대손인 김질왕이 452년에 수로와 황옥이 결혼한 신행터에 세운 절이고, 장유사는 952년 정도 즉 고려시대에 왕후사 근처에 세워진 절이다. 문제는 나중에 세워진 장유사 경계 안에 들어있는 왕후사를 장유사의 승려들이 곡식창고와 마굿간으로 만들었다는 것이다. 아유타국 오누이를 기리는 절의 말로가 안타깝다. 가야와 신라의 멸망 위에 선 고려의 위세를 과시하는 모습일까.

21세기에도 만나기 어려울 법한 당찬 소녀 허황옥은 수로에게 하늘에는 땅이 있어야 하고 해에게는 달이 있어야 완전한 한 쌍이 된다는 사실을 몸소 보여준 배필이자 남녀평등의 표상이었다고 할 수 있다. 그러기에 두 아들만큼은 자기의 성씨인 '김해 허씨'로 삼아 후손을 이어간 것이다. 우리는 최근에서야 엄마의 성을 자식의 성으로 물려줄 수 있게 되었다. 그러나 2000년 선의 삼국유사 속 여인 허황옥에게는 아주 자연스럽고 타당한 자기의 권리행사의 일환이었을 뿐이다. 또 하나 가락국기에서 중요한 것은 불교의 연대기를 훨씬 올려야 할 기록들이 보인다.

『삼국유사』 탑상편 금관성 파사석탑 조에는 허황옥이 가져온 파사석탑의 이야기가 실려있다. 공주가 부모의 명에 따라 바다를 건너가다 풍랑에 되돌아오니 파사석탑을 실어 보내 무사히 도착했다는 것이다. 이 기록에는 수로와 황옥의 치세 150여년 동안 그때에는 아직 불교가 들어오지 않았지만 이 탑은 바다의 풍랑 뿐 아니라 왜구의 침입도 막아냈다고 되어 있다. 그러나 이미 가락국기조에 43년 궁궐터를 정하면서 16나한이 살 만한 터라는 내용이 기록되어 있다.

또 서기 44년경에 왕의 자리를 노리고 나타난 탈해와의 겨루기에서도 석가보 등에서 보이는 둔갑술 경쟁도 이미 전형적인 불교식 이야기이다.

허황옥 왕릉

우리는 372년 고구려 소수림왕 때 불교가 전래되었다는 사실을 금과옥조처럼 여기고 의심치 않고 있다. 그러나『삼국유사』속에는 이처럼 불교 전래를 300여년 이상 올릴 수 있는 기록들이 편린으로 박혀있다. 이 또한 불교 국가 인도 아유타야 공주와의 관계에서 풀어 나가야 할 우리 불교 역사의 실마리인 것이다.

그러므로『삼국유사』는 가락국기조 하나만으로도 세계기록유산이 될 만하다. 가야의 역사가 그 어디에도 남아 있지 않는 지금 조선왕조실록에 버금가는 가야왕조실록이 실려있는 세계 유일한 기록유산이기 때문이다.

허황옥 영정

03

삼국유사의 성모와 국모로 당당한 여인들

선도성모와 노고단 그리고 마고할미
선도성모는 알영일까 또는
알영과 혁거세를 낳은 어머니일까

우리는 마고할미 전설을 들으며 자랐다. 그리고 지리산 노고단老姑壇이란 지명도 무수히 들어왔다. 그런데 그것이 삼국유사에 나오는 신라 시조의 어머니 선도성모와 맞닿아 있다는 사실을 아는 이는 얼마나 될까. 모계사회를 철저히 부정해야 그 자리를 차지할 수 있었던 부계사회의 음해공작일까. 더욱이 불사를 그토록 좋아했던 선도성모의 이야기가 삼국유사에 버젓이 실려 있음에도 그저 못 미더운 신화나 전설쯤으로 치부해버리고 말았던 것은 아닐까. 차근차근 지금부터라도 들여다보기로 하자.

삼국유사 기이편 '신라시조 혁거세왕'조에는 혁거세와 알영이 나란히 이성二 聖으로 등장해 신라의 시조가 되고 나라를 나스렸나고 기톡하고 있다. 혁거세왕과 알영여왕이 사이좋게 신라시조로서 양성평등한 통치 시절로 신라가

76

이룩되었다는 사실. 우리는 이러한 할아버지 할머니의 후예들이라는 것을 얼마나 알고 있을까. 그러면 혁거세와 알영은 어떻게 태어났을까. 혁거세왕조에는 혁거세와 알영을 서술성모西述聖母, 또는 선도성모仙桃聖母가 혁거세를 낳았다는 대목이 나온다.

(혁거세를) 불구내왕弗矩內王이라고도 하는데 밝은 빛으로 세상을 다스린다는 뜻이다. 해설하는 자는 "이것은 서술성모西述聖母가 낳은 것이다. 그래서 중국 사람들은 선도성모仙桃聖母를 찬양하면서 '어진 이를 임신해서 나라를 열었다.'라는 구절이 있으니 바로 이것이다."라고 하였다. 계룡雞龍이 상서로움을 나타내서 알영閼英을 낳았다는 것도 어찌 서술성모가 나타났음을 뜻하는 것이 아니겠는가?

삼국유사 감통 편에는 선도성모의 위대한 역사가 더욱 구체적으로 서술되고 있다. '선도성모 수회불사' 이야기는 이렇게 시작한다.
신라 진평왕(579~632) 때 지혜라는 비구니가 안흥사 불전 수리를 못해 쩔쩔매고 있자 선도산 성모는 지혜의 꿈에 나타나 금 열근을 보시하며 자기 앉은 자리 아래를 살펴보라 한다.

"나는 바로 선도산仙桃山의 신모神母이다. 네가 불전을 수리하려 하는 것이 기특하여 금 10근을 주어 돕고자 한다.
내가 있는 자리 아래에서 금을 꺼내어 주존主尊과 삼상三像을 장식하여라. 벽에는 53불 육류성중六類聖衆 및 모든 천신天神과 오악五岳의 신군神君 [동쪽 토함

삼국유사,
여인과 걷다

산吐舍山, 남쪽 지리산智異山, 서쪽 계룡산雞龍山, 북쪽 태백산太白山, 중앙 부악父岳 또는 팔공산八公山을 그리거라.

해마다 봄과 가을 두 계절에 10일 동안 남녀 신도들을 많이 모아 모든 중생들을 위하여 점찰법회占察法會를 베푸는 것을 일정한 규정으로 삼아라."

진평왕 당시 불교의 현황, 육류성중과 천신, 산신, 점찰법회 등이 성하였음을 알려주는 구체적인 단서이다. 그리고 선도성모仙桃聖母 또는 신모神母라 불리는 그의 출생과 이력이 소상하게 펼쳐진다.

신모는 본래 중국 황제의 딸로 이름은 사소娑蘇이고 신선의 술법을 배워 신라에 와서 머물면서 오랫동안 돌아가지 않았다고 한다. 그래서 아버지인

남원 여원치 마애불(이또한 선도성모의 또 다른 이름으로 전해지고 있는 우리의 어머니신이자 부처이시다)

황제가 솔개의 발에 편지를 매달아 솔개가 머무는 곳에 집을 지으라고 하였는데 그곳이 선도산仙桃山이었고 그곳에서 지선地仙이 되었다는 것이다. 그래서 산의 이름에 솔개鳶를 넣어 서연산西鳶山이라고도 하였다. 신모는 오랫동안 이 산에 머무르며 나라를 지켜, 나라가 세워진 이래 항상 나라의 삼대 큰 제사三祀의 하나로 모셔졌고 그 서열도 여러 제사望祭의 맨 윗자리에 놓여 있었다. 게다가 54대 경명왕(917~924)은 성모에게 기도해 아끼던 매를 되찾게 되어 성모에게 대왕大王의 작위를 바쳤다고 한다.

이것이 불교와 도교 그리고 민간신앙까지 아우른 '대왕성모'가 되기까지의 스토리다. 그리고 이어서 혁거세와 알영의 출생에 관한 결정적인 기록을 남긴다.

신모가 처음 진한에 와서 성자를 낳아 동국의 첫 번째 임금이 되었으니, 아마도 혁거세赫居와 알영閼英의 두 성인을 낳았을 것이다. 그러므로 계룡雞龍·계림雞林·백마白馬 등으로 일컬으니, 이것은 닭雞이 서쪽에 속해 있기 때문이다.

송나라 사신 왕양王襄이 우리 조정에 와서 동신성모東神聖母를 제사 지냈는데, 그 제문에 "어진 사람을 낳아 나라를 세웠다."는 구절이 있었다.

진한은 신라를 뜻하고 혁거세와 알영을 선도산의 성모이자 신모가 낳았다는 것이다. 고려시대에 왔던 송나라 사신 왕양도 그 사실을 거들고 있다. 알영이 태어난 '계룡, 계림'과 혁거세가 태어날 때 옆에 있던 '백마'와의 관련

삼국유사,
여인과 걷다

성도 서쪽방위로 언급하고 있어 더욱 중요하다.

그뿐이랴, 지모신으로서의 대표적인 역량을 보여주는 비단 짜기와 옷감 염색, 관복 짓는 법도를 가르쳐 그 위상을 구체적으로 보여주고 있다.

일찍이 하늘나라의 여러 선녀들에게 비단을 짜게 하여 붉은 빛으로 물들여 관복을 지어 남편에게 주었으니, 나라 사람들은 비로소 그의 신비한 영험을 알게 되었다.

더욱이 이러한 사실은 중국에까지 공공연하게 알려져 있어 삼국사기의 편찬자인 김부식까지 합세해 그 신빙성을 더하고 있다.

"김부식金富軾이 정화政和 연간(서기 1111~1118)에 사신으로 송나라에 들어갔다. 우신관佑神館에 갔더니 한 당堂에 여자 신선의 상이 모셔져 있었다. 관반학사館伴學士 왕보王黼가 말하기를 '이것은 귀국의 신인데 공은 알고 있습니까?'라고 하였다. 이어서 말하기를 '옛날에 어떤 중국 황제의 딸이 바다를 건너 진한으로 가서 아들을 낳았는데 그가 해동의 시조가 되었고, 그 여인은 지선地仙이 되어 오래도록 선도산에 살았으니, 이것이 바로 그 여인의 상입니다.'라고 하였다."

서술성모, 신모에 이어 해동시조 혁거세의 어머니, 나아가 지선地仙으로 추앙받고 있다는 사실을 보여준다. 일연은 이러한 위상의 성모가 불사를 도와 부처를 뵙고 궁극에는 하늘로 올라가 옥황상제가 되었노라 시로 읊어 찬탄하고 있다.

이러한 서라벌의 선도산 성모는 자리를 점차 옮겨 전국의 민간 신앙의 주인공으로 편재하게 되는데 그 대표적인 예가 지리산 노고단의 주인공으로 되살아나는 것이다. 지금도 노고단(높이 1,507m)은 '박혁거세의 어머니인 선도성모를 국모신으로 모시고 제사를 올린 곳'이라 명시되어 있다. (민족문화대백과). 나아가 마고^{麻姑}와도 연관되는데 '마고할미', '마고할망' '마고선녀' 또는 '지모신^{地母神}'이라고 부르는 우리의 산하대지를 창조한 거대한 시조할머니로 자리매김 하고 있는 것이다.

이처럼 우리의 시조는 모계로 시작되었고 아무리 감추고 오랜 세월 잊어버리고 있어도 삼국유사에는 여전히 우리를 기다리는 그 단서가 남아있어 모계사회 복원의 실마리를 보여주고 있다. 그러므로 삼국유사 여인들의 후예들이여, 노고단의 선도성모, 마고할미 유전자 되살려 다시 한 번 '크디 큰', '대한민국'의 평등과 상생의 역사 세계만방에 펼치시기를!

지리산 성모(사진출처 : 문화재청)

치술성모가 된 망부석,
박제상의 부인 이야기

치술령에 가면 망부석이 된 여인이 서 있다. 『삼국유사』에는 김제상, 삼국사기에는 박제상이라 부르는 신라 충신의 부인, 바로 치술공주이다. 신라사에 길이 남을 전설적인 충신 남편 박제상의 이야기도 가슴 아리고 절절하지만 그를 기다리던 아내에게 '선도산성모'의 위상과 같은 '치술성모'로 또 '치술신모'의 칭호를 부여하고 백성들이 칭송하는 경우는 보기 드문 일이다. 도대체 그 둘에게 무슨 일이 있었던 것일까.

먼저 '내물왕 김제상' 조의 『삼국유사』 이야기를 따라가 보자.
때는 내물왕 36년(390), 왜의 사신이 왕자를 인질로 청하자 당시 10살이던 셋째 아들 미해(미토희, 미사흔)를 보냈지만 30년이 지나도 돌려보내지 않았다. 그러니 신라왕사 미해는 40세가 되도독 신라에 돌아오지 못하고 있는 것이다.

그런 와중에 내물왕의 첫째 아들 눌지가 왕이 된 지 3년(419)에는 또다른 동생 보해(복호)를 고구려 장수왕에게 인질로 보내게 된다. 보해 또한 한 번 가서는 돌아오지 못한다. 그러자 눌지왕은 7년 후(425) '라이언일병 구하기' 신라 버전인 '두 동생왕자 구하기' 작전에 돌입하고 그 특명을 김(박)제상에게 맡긴다. 눌지의 가슴 절절한 말을 들어보자.

"옛날 아버님께서 성심으로 백성들을 돌보셨기에 사랑하는 아들을 동쪽의 왜국에 보냈다가 다시는 보시지 못하고 돌아가셨소. 또 짐은 왕위에 오른 이래 이웃나라의 군사가 너무나 강하여 전쟁이 그칠 날이 없었소. 고구려만이 화친을 맺자고 하기에 나는 그 말을 믿고 동생을 고구려에 보냈던 것이오. 그런데 고구려도 동생을 억류시키고 돌려보내지 않고 있소. 짐이 아무리 부귀를 누린다 해도 단 하루도 이 일을 잊은 적이 없고 울지 않은 날이 없었소. 만일 두 동생을 만나 함께 선왕의 사당에 참배하게 된다면 나라 사람들에게 은혜를 갚을 수 있을 것이오. 누가 이 일을 이룰 수가 있겠소?"

당시 전쟁을 피하고 화친을 맺기 위해선 이처럼 왕족을 인질로 삼는 경우가 많았던 것이다. 이 말을 들은 삽라군(양산) 태수 김제상은 눌지왕에게 두 번 절하고 답한다.

"신이 듣기로, '임금에게 근심이 있으면 신하가 욕되고, 임금이 욕을 당하면 신하는 그 일을 위해서 죽는다.'라고 하였습니다. 만일 일의 어렵고 쉬운 것을 따진 뒤에 행한다면 충성이 아니옵고, 죽고 사는 것을 헤아린 뒤에 움직

삼국유사,
여인과 걷다

인다면 용기가 없는 것입니다. 신은 비록 불초하나 원하옵건대 명을 받들어 행하겠사옵니다."

이 얼마나 마음 든든한 말인가. 왕에게 이런 신하 하나만 있어도 천군만마를 얻은 기분일 것이다. 제상은 그야말로 사나이 대장부. 용감할 뿐 아니라 지략도 뛰어난 특급 브레인의 면모를 유감없이 발휘한다.
먼저 고구려로 가서 고구려 사람들의 옷으로 변장하고 보해를 만나 탈출 계획을 감행하고 성공시킨다. 계획이란 보해가 병을 빙자하여 며칠 동안 조회에 나가지 않을 핑계로 방심하게 한 후 거사 날짜에 고성포구에 배를 대 놓고 도망시키는 것이었다.

눌지왕은 돌아온 보해를 보자 그 기쁨을 감출 수 없었지만, 또 그만큼 35년이나 떨어져 있는 동생 미해가 더욱 생각나 눈물을 흘릴 뿐이었다. 당시 그의 심경은 이러했다.
"마치 몸 하나에 팔 하나만 있고 얼굴 하나에 눈 하나만 있는 것 같구나. 비록 하나를 얻었지만 하나는 잃었으니, 어떻게 마음이 아프지 않겠는가?"

제상은 다시 왕에게 재배하고 그 길로 말을 달린다. 우리는 현재 산 사람에게는 한 번, 조상 제사에는 두 번 절하는데 신라시대에는 왕에게 재배를 하고 있다. 어쩌면 지금의 재배는 그때 왕에 대한 예의에서 조상에 대한 예의로 건네긴 것일지도 모르겠다.
이때 바야흐로 제상의 아내가 등장한다. 당연히 집에도 들르지 않고 충성에 가득차 떠난 제상의 이야기를 들은 아내 치술은 말을 달려 율포 해변까지 뒤쫓는다. 당시 신라여인도 말을 탔었다는 사족을 귀띔해두고 긴박한 상황을 따라가 보자. 아뿔싸! 제상은 이미 배를 타고 떠나고 있었다. '임아 그 바다를 건너지 마오'라고 '공무도하가'를 불렀을 법한 그 장면에서 제상은 손을 흔들며 떠나 갔다고 『삼국유사』는 전한다. 그러나 『삼국사기』에는 다음과 같은 대화를 나눴다고 전한다.

아내가 이 소식을 듣고 포구로 달려와 배를 바라보며 크게 통곡하고 말했다.
"부디 잘 다녀오세요."
제상이 돌아보면서 말했다.
"내가 명을 받들어 적국으로 들어가는 것이니, 당신은 다시 만날 것을 기대하지 마시오."
그렇게 목숨걸고 고구려에 갔다가 구사일생으로 돌아와선 또 다른 사지로 가는 남편이라니… 치술은 어찌나 애달팠던지 망덕사문 남쪽 모래밭에 이르자 드러누워 발버둥 치며 울부짖고 몸부림 쳤다고 전한다. 치술은 꽤나 적극적이고 감정 표현을 거침없이 하는 성격이었던가 보다. 그리하여 그 곳의 이름을 길게 드러누운 모래밭, '장사長沙'라고 부르게 됐다는 이야기. 그런 그녀를 친척 두 사람이 부축해 일으키려 하였으나 치술은 다리를 뻗고 일어나지 않았다. 그래서 붙여진 이름이 '벌지지伐知旨' 눌지왕의 '이산가족 찾기'에 사무친 한과 그리움을 풀기 위한 또 다른 가족의 생이별이 희비의 쌍곡선으로 흐른다.

그렇게 왜국으로 떠난 제상은 이번에는 더욱 과감한 지략을 쓰기 위해 기꺼이 자기 한 목숨을 던진다. 왜왕에게 눌지왕을 배반하고 온 비운의 신라인 연극을 완벽하게 해내 왕의 신뢰를 얻는다.

미해와 가까이 하며 바다에 나가 낚시를 해 왜왕에게 바쳐 환심을 사는데까지 성공한 제상. 『삼국사기』에는 좀더 구체적인 신뢰를 쌓는 내용이 전한다.
왜왕은 제상과 미해(미사흔)의 관계를 처음에는 의심했으나 제상보다 바로 전에 백제인이 들어와 첩보를 전한다. 신라와 고구려가 왜를 치려한다는 정보와 함께 신라에서 제상과 미해의 가족을 박해한다는 내용을 듣고 믿게 되었다는 것이다.

그렇다면 이 또한 제상의 솜씨라고 봐야 할 것이다. 백제인을 스파이로 활용했을 가능성이 크다. 드디어 안개가 자욱한 어느 날, 미해를 신라로 떠나보내고 자기가 대신 미해인 체하며 병으로 앓아누워 시간을 번다.
물론 미해는 제상과 함께 돌아가기를 간청했지만 실패 가능성이 높은 수를 제상은 감행하지 않는다.
왜왕이 알았을 때는 이미 미해가 탈출에 성공한 뒤. 왜왕은 분노해 미해왕자를 보낸 까닭을 묻는다.

"나는 계림의 신하이지 왜국의 신하가 아니다. 이제 우리 임금의 뜻을 이루려고 했을 뿐이니, 어찌 감히 무엇을 그대에게 말하겠는가?"

왜왕은 마지막으로 제상을 회유한다. 왜왕도 제상과 같은 신하를 왜 몰라봤겠는가.

"차라리 계림의 개돼지가 될지언정 왜국의 신하가 되지는 않겠다[寧爲雞林之犬狚不爲倭國之臣子]. 차라리 계림의 매질을 당할지언정 왜국의 벼슬을 받지는 않겠다."

제상은 왜왕에게 그 유명한 '차라리 계림의 개돼지가 되겠다'는 말을 남기고 온갖 고문과 처참한 화형 속에 장렬히 전사한다. 『삼국사기』에는 이 내용도 자세하다. 왜왕은 믿었던 만큼 배신감도 컸기에 아주 잔혹하게 그를 죽인다. 칼로 베고 불에 달구고 그러고도 모자라 목을 베었다고 한다.

눌지왕은 두 형제를 만난 뒤 향악^{鄕樂}인 우식곡^{憂息曲}을 지어 그 기쁨을 노래하고 있는데 말이다.

그렇다면 두 동생을 얻은 눌지왕은 제상에게 어떻게 하였을까.

제상의 아내를 국대부인^{國大夫人}으로 책봉하고 그의 둘째 딸을 미해 공의 부인으로 삼았다고 한다. 그리고 어쩌면 제상에게는 눌지왕이 김씨였으므로 왕의 성^姓을 하사했을지 모른다. 그래서 박제상이 김제상이 되었다고 보는 설이 있다. 삼국사기에는 박제상이 박혁거세의 후손이요 파사이사금의 5세손이라고 하였다. 그러니까 제상 또한 왕족이었다. 또 미해를 왜에 보낸 것이 삼촌인 실성왕이었다고도 한다. 실성왕 또한 왕자 시절 고구려 볼모로 갔는데 그것을 허락한 그의 형 내물왕에 대한 복수였다고.

내물왕이 죽고 아들 눌지가 너무 어려 삼촌인 실성왕이 즉위했다는 것이다.

고구려 인질로 보내진 일에 원한을 품고 있던 실성왕은 내물마립간의 태자였던 눌지도 고구려군을 마중 나가게 한 다음 고구려인을 시켜 은밀히 죽이려 하였다. 하지만 고구려인은 범상치 않은 눌지에게 그 사실을 알려주고 417년(실성 16) 눌지가 오히려 실성마립간을 죽이고 스스로 왕위에 올랐다.

이 얽히고설킨 가족관계는 여기서 끝나지 않는다. 화랑세기에는 아내 치술에 대한 기록이 자세하다. 그 실성왕의 딸이 치술공주라는 것이다. 그렇다면 뭔가 이 얽히고설킨 왕가의 미스터리가 설명이 되는 것 같다. 게다가 왕이 된 눌지의 왕비 아로부인도 실성왕의 딸이다.

잠시 복잡한 가족 관계를 정리할 동안 죽은 제상의 아내 치술의 행적을 살펴보자. 그렇게 헤어질 때도 역사에 길이 남을 드라마틱한 장면을 보여주던 공주가 아니었던가. 당연히 오랜 시간이 지나도 치술부인은 남편을 그리는 마음이 더해 갔다. 그녀는 세 딸을 데리고 치술령鵄述嶺 위에 올라가 왜국을 바라보고 통곡하다가 죽었는데, 죽어서 치술신모鵄述神母가 되었다. 지금도 사당이 남아 있다. 이것이 『삼국유사』의 결말이다.

그러나 화랑세기는 반전의 기록을 쏟아놓는다. 눌지가 실성왕의 첫째 딸을 왕비로 삼고 둘째 딸 치술은 제상이 죽자 위로차 성은을 베풀어 그 사이에서 황아를 낳았다고 한다. 그리고 둘째 딸이 아니라 첫째 딸이 청아인데 미해와 결혼했다고 전한다. 또 다른 구전으로 울주 두동 치술령에 제상의 아내에 대한 설화가 전해온다. 제상의 아내가 죽어서 치술산 신모로 추앙받아 사당을 세웠는데 바로 신모사라는 것이다. 신모사는 원래 치술령 정상에 있었는데 제상과 그의 부인을 함께 제사 지내기 위해 치산원이 세워졌는데, 지금의 치산서원이 그것이다. 치산서원에는 박제상을 모신 충렬묘, 부인을 모신 신모사, 두 딸을 기리는 쌍정려 등이 있다.

한편 다른 구전에서 제상은 대마도 국경을 지키러 가면서 아내에게 혹시 대마도를 보다가 그 산에 검은 구름이 끼면 자기가 죽은 줄 알라고 하였다는 것이다. 몇 해가 지나도록 매일 부인과 세 딸이 치술령에 올라가 대마도를 보는데 어느 날 검은 구름이 꽉 덮여 산이 보이지 않았다. 부인은 남편이 죽었다고 생각하고 거꾸로 떨어져 죽어 그 몸은 망부석이 되고 혼은 한 마리의 새가 되어 날아갔다. 아내는 죽어서 '치'라는 새가 되고, 같이 기다리던 세 딸은 '술'이라는 새가 되었다고 한다. 이때 새가 날아든 암자가 있었는데 그 절의 이름이 바로 은을암^{隱乙庵}이다. 이 암자는 절벽에 떨어져 죽을 때, 새〔乙〕가 되어 숨어서^隱 유래한 것이라고 한다. 그러나 국어학의 입장에서 보자면 향찰식 표기로 '숨을암'이 더 유력해 보인다.

이와 같이 한 가지 역사적 사실에 다양한 변주로 전해지는 이야기는 당시 사람들의 염원을 투영하는 것이라 할 수 있다. 그렇게 애닲게 죽었는데 성모나 신모가 되었으면 좋겠고 망부석이라도 남아 기릴 수 있기를 바라는 것이다.

무열왕의 둘째 아들이자 문무왕의 동생인 김인문도 결국 당나라에서 볼모로 있다가 죽는데 그 죽음의 장소가 각기 다르다. 『삼국사기』에서는 당나라에서 죽은 것으로, 『삼국유사』에는 귀국하다 바다에서 죽어 그를 위한 관음도량 인용사가 미타도량으로 용도가 변경되었다는 후일담으로 남는다. 이렇게 같은 이야기도 삼국유사, 삼국사기, 화랑세기, 구비설화 등 텍스트

삼국유사,
여인과 걷다

를 겹쳐 촘촘이 정독하면 중첩되기도 하고 빠진 부분이 보충도 되지만 상반된 갈래나 결말로 읽힐 때도 있다. 어쩌면 이것이 스토리텔링을 더욱 풍성하게 해주는 묘미일지도 모른다.

이제 와서 제상의 부인이 치술성모가 되었든 눌지왕의 새 왕비가 되었든 바위나 새가 되었든 시시비비를 가리는 일이 중요한 것은 아니다. 당시의 사람들이 제상과 치술이 되어 그렇게 되기를 갈망한 그들의 바람이 이처럼 여러 갈래의 이야기를 낳고 지금도 그녀를 우리 곁에 살아 숨쉬게 한다는 사실이 더욱 중요하기 때문이다.

치술령 망부석

미실도 울고 갈
진흥왕의 어머니 지소태후
내 이름은 신라의 국모

◉　　　　　　아무래도 판도라의 상자를 건드린 것 같다. 살펴볼수록 도무지 지소태후의 윤곽을 그리기도 어렵다. 내 깜냥으로는 감당이 안 되는 태산 같은 거인을 만난 기분이다. 오래 전부터 지소태후只召太后에 대하여 관심을 가지고 있었다. 그저 법흥왕의 딸이자 진흥왕의 어머니만은 아니었을 것이라 생각했지만 이 정도일 줄은 몰랐다.

드라마 선덕여왕으로 이름을 알린 신라 여걸 미실을 쥐락펴락하는 태후였기에 이런『삼국유사』의 여인도 있다는 것을 알리고자 소박한 마음으로 지소태후를 들여다보기 시작했다.

지소태후에 대한 글을 쓰면서 마음에 걸리는 것이 있다. 신라의 성골, 진골 순혈주의 유지 방편인 근친혼에 대한 현대인의 여전한 반감 내지 부정적인 의식이다. 지소의 남자로 화랑세기에 등장하는 사람만 일곱이기 때문이다. 또 하나는 그 중심 텍스트 화랑세기가 여전히 위서 논란이 불식되고 있지

삼국유사,
여인과 걷다

않기 때문에 또 다른 논란이 생기지 않을까 하는 우려이다.

그럼에도 불구하고 신라 진흥왕은 신라의 삼국통일 기반과 불교국가로서의 발전을 이룩한 왕인만큼 사료에 대한 다양성 차원에서도, 부족한 자료에 허덕이는 고대 시대를 들여다보는 거울의 역할로서라도『삼국유사』와『삼국사기』를 충실히 보필하는 화랑세기를 굳이 마다할 필요는 없을 것이다.

그런데 정작『삼국유사』,『삼국사기』어디에도 지소태후에 대한 구체적인 모습이 잡히질 않는다.

『삼국유사』에는 왕력편에 '지소 또는 식도[只召 一作 息道]'라고 이름이 한 번 나오고, 기이편 진흥왕조에 진흥왕 대신 어머니인 '태후太后가 섭정했다'라고만 쓰여 있을 뿐 더 이상의 정보가 없다.

심지어『삼국사기』에는 태종무열왕의 셋째 딸이자 김유신 부인인 동명이인 지소智炤의 이름만 등장하고 진흥왕의 어머니는 이름조차 기록되지 않는다. 다만 '임금이 어렸으므로 왕태후가 섭정하였다[王幼少 王太后攝政]'고만 나온다. 왠지『삼국유사』,『삼국사기』는 지소의 이름조차 밝히기 꺼려하는 느낌을 지울 수 없다. 왜일까. 물음표 씨앗 하나를 마음에 심고 출발해 보기로 한다.

먼저 이름에 관한 이야기부터 살펴보자. 지소태후 이름에 대한 이야기도 화랑세기에 자세히 나온다. 일찍이 화랑세기 전문학자 이종욱은『삼국유사』왕력 진흥왕편에 유일한 기록으로 등장하는 '只召 一作 息道'의 예를 가지

고 화랑세기가 『삼국유사』보다 사료적 가치가 높다고 하였다. 화랑세기에
는 '지소의 初名은 息道'라고 분명히 밝히고 있는 반면, 『삼국유사』에서는
두루뭉술하게 지소라고도 부르고 식도라고도 부른다고 표현해 정확성이
떨어진다는 것이다.

여기서 식도는 물론 우리의 주인공 지소태후의 어릴 적 이름이다. 지소태후
의 이름은 뜻밖에 1970년 울진 천전리 각석과 1988년 발굴된 울진봉평 신
라비에 등장한다.

지소只召를 지몰시혜只沒尸兮라고 기록해 첫 글자의 '지只'가 상통하고 있다. 구
체적인 상관성은 앞으로 또 하나의 다빈치 코드이다.

지소라는 이름뿐 아니라 성도 박씨, 김씨 등 분분하다. 『삼국유사 왕력편』
에는 '박씨로 모량리 영실각간의 딸'로 나온다. 그러나 이것은 진흥의 부인
이라고 보는 설이 유력하다. 『삼국사기』에는 진흥의 어머니는 김씨로 법흥
왕의 딸이라고 하였다[母, 夫人金氏, 法興王之女].

화랑세기에는 영실각간이 지소의 남편으로 나온다. 둘 사이에 황화, 송화
두 딸을 낳는다. 영실은 법흥왕의 누이 보현공주의 아들이다. 아버지 법흥
의 명으로 계부로 맞았으나 지소가 좋아하지 않았다고 한다. 그러므로 지
소태후의 성은 김씨라야 할 것이다.

지소태후는 신라의 측천무후(측천대제라야 정확)라고도 불린다. 어린 진흥
이 즉위한 후 11년동안 섭정을 하는 실질적인 여왕이었기 때문이다. 그러나
측천이 네 아들을 거세하고 자기가 왕이 되고 당나라에서 주나라로 바꾸어
15년간 통치하는 것과는 여러 면에서 다르다. 그리고 무려 일곱 명의 남편

또는 정인이 등장한다. 입종공, 태종공(이사부), 미진부, 영실, 모랑, 이화랑, 구진이 그들이다. 그 사이에서 아들 진흥왕을 비롯한 숙명공주, 세종, 황화공주, 송화공주, 만호낭주, 보명궁주 등 일곱 명의 아들딸과 손자 원광법사 등 삼국유사에 길이 이름을 떨치는 인물들을 낳는다. 미실도 울고 갈 일이라는 것이 바로 이 말이다. 어쩌면 미실은 지소의 발뒷꿈치에도 미치지 못할 인물일지도 모른다. 지소가 낳은 역사적 인물들이 삼국유사를 누비는 활약상도 꼭 한 번 다루어 봄직한 주제이다.

540년 진흥왕이 즉위할 때의 나이에 대해서도 의견이 분분하다. 삼국유사에서는 15살이었다고 하지만, 여러 정황으로 보아 7살이었다는 삼국사기 쪽이 사실에 가깝다. 진흥왕은 즉위 초반기에는 어린 나이 때문에 직접 통치를 하지 못했다.

『삼국사기』 신라본기 진흥왕 즉위년조에서는 "(진흥)왕이 어리므로 왕태후 王太后가 섭정했다"고 기록되었고, 『삼국유사 기이편 진흥왕조』에서도 "진흥왕이 즉위할 때 15살이므로 태후가 섭정했다"고 했다. 수렴청정垂簾聽政, 주렴 뒤에서 정사를 듣고 간접적으로 코치를 하는 것이 아니라 섭정攝政, 정치를 잡아 쥐고 주도적인 역할을 한 신라의 실질적인 여왕이었다는 사실을 증명하는 것이다.

진흥은 어떤 왕인가. 삼국통일의 초석을 놓기 시작한 진흥왕의 이름은 삼맥중, 또는 '심맥부라고 한다. 법흥왕의 농생 입종 갈문왕의 아들로 534년 태어났다. 어머니는 법흥왕의 딸인 지소이다.

입종은 곧 자신의 조카딸과 결혼했다는 것인데, 같은 신분끼리 결혼해야 후손이 그 신분을 유지할 수 있다는 생각을 하고 있었던 골품제도 속 당시에는 그다지 특별한 일이라고 할 수 없다.

540년 법흥왕이 정비 보도부인에게서 아들을 얻지 못한 채 죽자, 일곱 살의 외손자이자(딸 지소의 아들) 친조카(동생 입종의 아들)가 되는 삼맥종이 왕위에 올랐다. 게다가 입종은 형 법흥보다 더 일찍 죽은 것으로 나온다. 따라서 법흥왕은 자신의 외손자에게 왕위를 넘기고 딸에게 실질적인 정치를 맡긴 것이다.

왕태후 지소의 왕노릇을 살펴보자.

진흥왕 즉위 첫해에 죄수들을 사면하고 관리들의 벼슬을 한 등급씩 올려준다. 그리고 이듬해 이사부를 병부령, 지금의 국방장관으로 임명하여 국가의 모든 군사적인 일을 맡긴다. 귀족들의 협의체인 화백 제도를 통해 정책을 결정해왔던 신라에서 병권을 전담하는 벼슬이 새로 생기고, 왕이 이 벼슬을 임명했다는 것은 왕의 중앙집권이 시작됐음을 의미한다. 그 병부령 이사부가 누구인가. 태종이라는 이름으로도 불리는 지소태후의 또 다른 남편이다. 그야말로 전왕 법흥의 딸이자 어린 현왕 진흥의 어머니가 군사력 통수권자를 남편으로 삼아 본격적으로 신라를 다스리기 시작한 것이다. 지소태후가 섭정하던 시기는 대체로 진흥왕 12년(551년)까지로 여겨진다.

진흥이 18세가 된 551년에 진흥왕이 개국開國으로 연호를 고치는데, 섭정을 끝내고 친정을 하게 되면서 연호를 고쳤을 것이라고 보는 견해가 지배적이다. 개국開國이란 진흥이 성년이 되어 새로 나라를 연다는 뜻이 아닌가. 그 후 진흥은 두 번 더 연호를 태창泰昌과 홍제鴻濟로 바꾸며 자신의 치세를 요약

황룡사 터에서 멀리 보이는 심초석

한다.

568년 크게 번창한다는 의미의 연호에서 보여주듯이 영토를 확장해 그 유명한 '진흥왕 순수비'를 세운다. 572년에는 크게 구제한다는 의미의 연호로 백성을 구제하고 황룡사 장육존상을 조성하는 등 불교적인 말년을 보낸다. 법운이라는 법명으로 불교에 귀의하는 모습으로 대미를 장식하며 백성을 하화중생하고 자신은 상구보리를 실천하고 있다.

다시 지소태후의 활약상으로 돌아가 보자. 이사부, 거칠부 등의 보좌를 받아 국정을 운영하면서, 545년에는 거칠부에게 국사國史를 편찬하게 한다. 또한 흥륜사를 완공하고 불사리를 양나라에서 받아들이는 등 불교의 중흥에도 힘쓴다. 당시 신라는 백제와의 동맹 하에서 고구려와 몇 차례 전쟁을 벌였는데, 진흥왕 11년(550년)까지의 승리의 전과는 지소태후의 섭정 하에서 일어난 것이다.

무엇보다 실제적인 통치자로서 지소가 남긴 행적으로 가장 주목을 끄는 것은 화랑도 창설이다. 『삼국사기』라든가 『삼국유사』와 같은 기록에는 신라에 화랑도가 설치된 시점이 불명확하고 그 설치 주체도 알 수가 없다. 하지만 조선 초기에 편찬된 『삼국사절요三國史節要』나 『동국통감東國通鑑』에서는 그 설치 시점이 진흥왕이 즉위한 해(540)이며, 화랑도의 우두머리를 풍월주風月主라고 불렀다는 기록까지 보인다.

나아가 이들 문헌은 화랑도를 설치하고 풍월주를 둔 주체가 진흥왕이라고 하고 있다. 그러나 화랑세기에는 이미 지소부인이 남모와 준정으로 대표되던 원화제도를 폐지하고 화랑도를 창설했다고 적시하고 있다. 화랑세기라는 자료가 중요한 또 하나의 이유이다.

『삼국유사』도 『삼국사기』도 이름을 정확히 밝히지 않을 만큼 신라의 실질적인 첫 여왕의 노릇을 잘해 낸 지소태후. 진흥왕대에 이루어진 신라 발전을 모두 아들인 진흥의 공으로 돌리기 위해서일까. 남성 중심의 왕이 통치하던 시대에 역사상 유래가 없던 일이라 여왕의 존재를 애써 감추고 축소한 것일까.

그럼에도 불구하고 분명한 사실은 지소 이후에 신라의 세 여왕 선덕, 진덕, 진성으로 이어지는 여성 통치는 지소라는 밑바탕이 있었던 덕분이라는 것이다.

곧 신라의 본격적인 여왕제도 시행에는 지소태후의 섭정이라는 막강한 성공 배경이 뒷받침되고 있었기에 가능했다고 볼 수 있다. 그야말로 지소는 신라의 왕과 여왕을 길러낸 명실상부한 신라의 어머니, 신라의 국모인 것이다.

빙산의 일각이란 말이 있다. 물 위에 떠있는 빙산은 그야말로 일부분이고 그 아래는 91.7%가 자리잡고 있기 때문이다.

어쩌면 우리는 지소태후가 드러낸 빙산의 일각만을 이제 막 보기 시작했는지 모르겠다. 지소태후를 중심으로 전후좌우 연결 고리를 따라가다 보면 지금까지 가리워져 있던 길이 보이고 그러면 우리는 지금까지와는 다른 새로운 신라의 역사를 쓸 수 있을지도 모르겠다.

물음표를 찍으면 찍을수록 지소태후는 그만큼씩 우리에게 다가오지 않을까. 앞으로 지소태후는 우리 모두의 벅차고 뿌듯한 고마운 숙제이다.

황룡사 터

선덕여왕이 모란을 품은 뜻은
반전의 여왕 선덕,
신라의 위기를 삼국통일의 기회로 삼다

◉　　　21세기 여성 대통령 시대가 되니 선덕여왕에 대한 이야기가 심심치않게 들려온다.

『삼국유사』에서 '선덕의 예지력을 보여주는 세 가지 이야기(지기삼사^{知幾三} ^{事})' 나름대로 일연스님이 여왕 선덕의 의중을 짚고 있다고 여겨 그 시절로 떠나 선덕여왕을 만나보기로 한다.

모란! 꽃 중의 왕, 선덕! 신라의 향기로운 여왕이 되다

먼저 선덕에게 보내 온 당태종의 모란꽃 그림에 대한 선덕의 견해를 그의 육성 형식으로 들어보자.

'나는 벌나비가 없는 것을 보고 향기가 없다고 간파했었지. 그러나 그것은 나에 대한 당태종의 희망사항을 해석한 것일 뿐, 모란이 향기가 아주 없는 것은 아니었다.

짙은 향을 풍기며 화려하게 치장한 꽃은 벌나비에게 내놓고 자신을 드러내는 품격없는 일. 당태종이 여성으로 왕이 되는 일을 여성성 없음으로 조롱한다면, 나는 흔쾌히 그가 보낸 꽃 중의 왕 모란이 되어 그 은은한 향기가 어떻게 피어나는지 보여줄 참이었다.' 그러한 선덕은 왕이 된 지 3년만에 분황사를 짓고 태종이 보낸 그림에 답한다.'나 선덕의 향기, 향기로운 여황제 분황芬皇의 절'이라 이름한 것이다.

이듬해에는 '신라의 미소'라 불리는 수막새로 유명한 영묘사도 새롭게 낙성하였다. 선덕여왕에게는 특히 영묘사와 관련된 일화가 많다. 영묘사 장육존상 조성, 백제군 침략을 알리는 영묘사 옥문지의 개구리 울음, 짝사랑의 화신 지귀가 마음의 불로 자신과 탑을 불사른 것도 또한 영묘사였다. 영묘사가 여왕에게 어떤 절인가.

'기억하는가, 모례의 여동생 사씨가 처음 짓고 비구니가 된 절, 법흥왕의 부인도 묘법이라 이름짓고 비구니가 되었던 유서 깊은 전불시대의 칠처가람 중 두 번째 절 영흥사가 있었다. 왕비의 절이 아닌 여왕의 절, 나는 칠처가람 중 다섯 번째 절인 신령스러운 사당 영묘사를 지어 그곳에서 많은 가르침과 훌륭한 조상들께 영감을 받았네'

632년 즉위하고 최초의 여왕으로 너무 많은 힘을 쏟았던지 병이 난 여왕은 나섯 해째인 637년 황룡사에서 병을 치유코자 인왕 백고좌법회를 열고 백 명의 스님들을 출가하도록 허락한다.

불교를 국교로 삼은 법흥, 진흥, 진평 등 선왕들을 이어 차근차근 신라의 불국토를 정비해 나간 것이다. 여왕의 16년 통치기반을 다진 '불국토개발 1차 5개년 계획'이라 할 만 하다.

여성의 생명성, 직설 화법으로 남성을 품고 삼국을 품다

같은 해 637년 5월 때마침 여왕의 진면목을 유감없이 보여줄 기회가 찾아왔다. 멋모르는 백제군 오백 명이 선덕의 예리한 정보망에 잡힌 것이다. 선덕이 세우고 지켜왔던 영묘사, 그 안의 옥문지라는 연못에서 며칠씩 울던 개구리 울음소리가 힌트였다. 예로부터 개구리는 왕권이나 신성의 상징이라 금와왕도 금개구리 모양이었다. 경칩에 일어나 풍년을 점치던 개구리떼가 때 아닌 오월에 시끄러울 때는 심상치 않은 조짐이 있음을 여왕은 알아차린 것이다.

오백이나 되는 군사들이 몰래 숨어있다 해도 창이며 칼, 군복을 입은 무리들이 지나온 표시와 흔적을 밟히고 다친 천지만물은 이미 알고 있는 일. 보통 사람들이 눈치채지 못했다 해도 그것을 굽어본 천지신명과 그 계곡에 사는 개구리들, 그리고 '용봉龍鳳의 자태와 태양太陽의 위용'을 갖춘(화랑세기) 선덕은 그 기미를 놓칠 리 없었다. 바로 백제군 500명과 그 뒤에 따라 오던 후진 1,200명까지 일망타진한 쾌거, 그 이야기를 들어보자.

'마침 숨은 곳이 여근곡이란 정보에 나는 쾌재를 불렀지. 공주일 적에도 내 왕위 계승에 불만을 품었던 칠숙과 석품이 있었다. 이제 앞으로 당태종이든 그 누구든 나를 여왕이라 우습게 여기지 못할 절호의 기회라 여겼지. '옥문

도리천으로 여긴 경주 낭산 선덕여왕릉

지'와 '여근곡'이라니… 직설적이다 못해 노골적 지명으로 여왕을 능멸하려 하면 그 여성성이 어떻게 적군을 무찌르는지 낱낱이 가르쳐 주겠노라 다짐했다. 남녀의 음양과 오행의 이론 정도면 충분했지. 남자는 양이고 여자가 음이라 하였겠다. 오행을 나타내는 오방색 중 흰색은 서쪽을 뜻한다 하였다. 마침 여성을 상징하는 여근곡이 서쪽에 있었으니… 여근에 들어온 남근 백제군들 이제 어쩔텐가. 제 발로 들어와 제 무덤을 파고 전멸될 순서를 기다린 꼴이니… 그 참혹한 결과를 보고 남자인 것만이 벼슬인 몇몇 못난 신라 남성들은 코가 납작해졌지.'

그렇다면 여왕이 생각하는 여성성과 남성성은 어떤 것인지 들어볼 차례.
'일부 용렬한 남성들이 무시하고 하대해 온 여성성은 알고 보면 남성이 기필코 도달해야 할 필생의 이상향이 아니던가. 그러므로 여성은 공격해야 할 대상이 아니라 함께 사랑하고 목숨 바쳐 달려가고 싶은 생의 목적지임을 깨닫게 해 주었을뿐. 애초에 남성성과 여성성은 경쟁 상대가 아니라 서로 만나 아껴주고 생명을 잉태하는 존재들인 것이지. 백제군사가 여근 골짜기에서 공격하려다 전멸하는 것을 본 남성들이여, 결론은 어떻든가. 항복 아니면 죽음뿐일세.'

선덕은 이렇게 백제군과 신라 남성을 여성성으로 품어내고 세계 만방에 모란의 향기로 승리를 장식했다. 그 이후 수많은 전쟁과 위기 속에서 훌륭한 남성들을 서느리고 삼국동일의 기반을 닦은 신덕의 이야기를 다시 들어 보자.

'이 참에 모란꽃 그림에 그리지 않았던 나를 따르던 벌나비들을 열거해 볼까. 두 남편으로 지칭되는 진지왕의 아들이자 숙부였던 용수·용춘 형제, 그리고 대신 을제를 남편으로 보는 시선도 있지(화랑세기). 역사상 전무후무했던 신라 첫 여왕 선덕에게 남편의 이름은 그다지 중요하지 않았다. 그들은 나의 든든한 지지세력이자 정치 참모들이었기 때문이지.

그 용춘의 아들 김춘추는 목숨걸고 고구려와 당나라에 가서 외교를 펼쳐 내가 닦아놓은 삼국통일 기반 위에서 태종 무열왕이 될 수 있었다.

무엇보다 김유신! 김춘추를 무열왕으로 만들고 자신의 여동생과 결혼시켜 가야와 신라부터 통일한 일등공신, 춘추를 '태종 무열왕'이라 하여 '당태종'과 같은 반열에 올려놓게 한 것은 김유신과 같은 신하를 두었기 때문이라고 중국의 당고종도 승복했던 일화가 있지. 그는 삼국통일의 실질적 주체이고 왕과 왕실의 보호자같은 존재였다. 나에게는 사천왕처럼 든든하고 믿음직했던 장군이었지. 백제가 침략해올 때 세 번이나 집에도 못 들르고 다시 전쟁터로 뛰어나갔던 나의 유신이여.'

왕실과 관료들만 여왕을 위하고 사모했던 것은 아닌 대표적 일화도 있다. '여왕을 짝사랑해 화신*神이 된 지귀를 보면 나의 매력을 백만분의 일쯤이나마 가늠할 수 있으려나. 간혹 대지도론에 나오는 인도설화 술파가와 같은 내용이라고 운운하던데 죽을 만큼 짝사랑을 해 본 사람이라면 누구나 심정적으로 경험해 본 일이지. 술파가로 짝사랑 지귀가 하나 더 추가되었구나.'

무엇보다 신라의 스님들이야말로 선덕여왕과 최상의 파트너십을 이룬 인물들이었음도 여왕에게 직접 들어보자.

'황룡사 구층탑과 통도사 창건 등 불국토 프로젝트를 함께 주도한 나의 사촌 자장.
그리고 나를 장사지낸 도리천이 불국토임을 증명해 준 사천왕사의 명랑법사도 실은 자장의 누이인 법승랑의 아들이었지.
원효의 스승 혜공도 지귀가 불귀신이 되어 영묘사를 모두 태울까봐 밧줄로 금줄을 쳐서 영묘사를 살리지 않았나. 그 영묘사에 서역인일지 모른다고 설왕설래하는 예술가 양지법사가 장육존상을 만들었지. 사천왕사의 사천왕 모습들을 보면 양지의 서역 기법이 예사롭지 않다는 것만 귀띔해 줌세. 지팡이를 날려 법척을 무찌르고 나 선덕의 병을 낫게 한 밀본법사는 또 어떤가. 이렇게 향기로운 모란, 나 분황 선덕에게는 목숨을 아끼지 않는 충성과 사랑을 바친 사나이들이 일생에 가득하였네.'

선덕, 도리천에 다시 태어나 불국토의 꿈을 이루다

이제 수많은 전쟁과 당태종의 조롱, 비담의 난에도 불구하고 통일의 기틀을 다진 왕 노릇에 대해 들어 보기로 하자.
'왕이 된 첫 해 제일 먼저 환과고독鰥寡孤獨의 구휼책을 펼쳤다. 지금도 독거노인과 고아들을 위한 사회복지 제도가 중요하지 않은가. 사회복지야말로 사회와 국가를 건강하게 하는 최우선 기반임을 잊지 말아야 할 것이다.
거대한 황룡사 구층납이나 통도사, 분황사 창건 뿐 아니라 생의사의 작은 석미륵에 이르기까지 내실을 다지며 불국토 프로젝트를 완수하고자 애썼

지. 백제, 고구려, 당나라와의 숱한 전쟁과 절대절명의 위기도 상생하는 여성의 힘으로 적재적소에 걸맞는 남성들과 더불어 헤쳐 나왔다.'

마지막 예언인 도리천에 관한 이야기를 해주신다면…
'이제 그 남성들에게 삼국통일의 열매를 안기고 647년 도리천으로 떠날 차비를 하던 이야기를 할 때로구나. 잦은 병고로 건강치 못했던 몸의 기운이 다해 가고 왕노릇하며 쏟아 부은 힘의 고갈로 나는 떠날 때를 헤아려 보았다. 어느 해 어느 날 어느 시가 될 것임을 예고하였더니 어리석은 상대등 비담, 덥석 그 날짜에 맞추어 나의 길동무가 되는 수고를 아끼지 않는구나. 반역의 탐심으로 구족과 사라지니, 오호 애재라.
이미 왕궁에 내제석궁이 있었기에 내가 묻힌 도리천은 외제석궁이라 할 만했지. 아버지 진평이 원하던 전륜성왕 선덕, 도리천에 가서도 완수해야 할 나의 서원이 있었지. 그 도리천에 명랑이 오색 비단으로 사천왕사를 꾸며 주었으니 당나라 배 오는 족족 침몰했다는 후문은 나, 선덕이 슬며시 그를 도와 분황의 향기를 전한 것일세.'

그렇다면 여왕의 생애를 통해 전하려 했던 여왕의 포부는 무엇인지.
'나 선덕은 신라의 위기와 기회가 둘이 아님을 불교의 불이(不二)가르침에서 배우고 실천하였다. 황룡사 구층탑이 상징하듯 아홉 나라의 외침에 시달렸지만 그 외환속에서 백성과 신하들이 오히려 국력을 모아 단결할 수 있는 기회로 만들었다.
고구려, 백제, 당의 숱한 침략을 훌륭한 장수와 선지식들이 역량을 발휘하

사천왕사와 선덕여왕릉이 있는 경주 낭산 모습

는 기회로 삼고, 그들을 믿고 의지해 결국 그들의 기반을 약화시키고 무너뜨렸다. 나를 위험에 빠뜨리면 상대도 그만큼 위험 비용을 지불하고 있는 법, 그러므로 항상 기회는 오히려 위기 속에 있음을 잊지 말아야 할 것이다. 결국 고구려와 백제는 망국이 되었지만 신라는 그 위기를 전화위복의 기회로 삼아 삼국을 통일하였다.

그러나 나 선덕의 꿈은 지상의 통일에 그치는 것이 아니었느니. 천상천하의 온 세상이 모두 행복하게 사는 것. 동서남북 사천왕이 지켜주는 도리천 수미산 꼭대기에서 모든 중생이 불성을 깨닫기를 발원하는 것. 모란을 품어 향기로운 황제, '분황'의 여성성으로 전쟁 없는 평화의 불국토를 이루는 것이 나의 통치 목표였다.

천년이 지나도 이루지 못한 나의 꿈을 이제 그대들이 이루어 주기를.'

신라의 미소(영묘사 수막새)

신라 두 번째 여왕 진덕,
신라 승만경의 주인공으로 살다

'삼국유사, 여인과 걷다'를 연재하며 자료가 참 아쉬울 때가 많다. 한 여름 우리에게 지천으로 다가와 인사를 건네는 이름모를 들꽃이나 또는 이름 없는 풀꽃들 덕분에 눈에 띄는 장미나 수국, 옥잠화가 돋보이듯이 삼국유사는 그 녹음방초 가려진 작은 꽃들 덕분에 걸출한 인물들이 더욱 빛난다. 그러므로 때로는 그 작은 풀꽃들의 이름을 찾아주고 붙여주는 작업 또한 그 못지 않게 중요할 때가 많다. 한편 어떤 경우는 당연히 잘 알고 있고 유명해 많은 자료가 있을 것이라 생각한 인물이 의외로 알려진 게 없는 경우가 있다. 진덕여왕이 바로 그렇다.

진덕의 이름은 승만이다. 이름부터 살펴보기로 하자. '승만경'의 주인공, 파사닉왕과 마리부인의 딸로 아유타국에 시집간 승만과 이름이 같다. 유명한 대승불교 경전 주인공의 이름이다. 사촌언니 선덕여왕의 이름은 덕만이다.

덕만은 열반경에 나오는 '덕만우바이'를 가리키는 것으로, 중생을 제도하기 위하여 여자로 태어난 보살의 이름이다. 선덕善德은 수미산의 꼭대기에 있는 도리천을 주재하는 천신 선덕바라문을 뜻하는 것으로 본다. 이처럼 선덕을 덕만우바이와 동일시했다면 진덕은 부처의 인가를 받아 승만경을 설한 승만과 동일시하려 한 것 같다.

신라는 법흥왕 때 불교를 공인한 후 철저히 신라 불국토를 지향하였다. 자장이 당나라에 유학가서 문수보살로부터 선덕이 찰제리종(크샤트리아 계급)라는 수기를 받게 되는 진종설이 그것이다. 곧 신라 왕족을 석가모니의 가문과 동일시한 신라 중기의 왕권 강화책으로 볼 수 있다. 진골 출신으로 당나라에 유학을 갔다가 귀국한 자장은 대국통大國統에 취임하여, 진종설 그리고 신라삼보, 전륜성왕 등을 신라 왕실과 결부시켜 왕권 강화 체제를 구축하였다. 자장은 '가섭불-석가불-문수사리'로 이어지는 과거와 현재 세대의 신앙을 내세워서, 신라를 부처, 보살과 결부짓는 '불국토佛國土'로 주장하였다.

신라 왕족이 석가모니 가문과 이름을 똑같이 쓴 것은 법흥왕의 뒤를 이은 진흥왕이었다. 그는 전륜성왕의 네 바퀴(금륜, 은륜, 동륜, 철륜)에서 따와서 자식들을 금륜태자, 동륜태자로 이름 지었다. 그리하여 진평왕에 이르러서는 석가모니의 부모 이름과 같아지는 것이다. 곧 진평은 백정白淨이며 왕비는 마야부인인데, 이는 석가모니의 아버지 슈도다나(백정왕 또는 정반왕의 뜻)와 어머니 마야부인에서 이름을 따온 것이다. 진평왕의 아우 백반伯飯과 국반國飯 역시 석가모니 숙부의 이름이다. 그 진평의 딸이 선덕이고 그 사촌

동생이 진덕, 자장이 되는 것이다. 석가모니와 같은 선덕, 부처라는 수기를 받은 승만이라는 이름의 진덕에게 필요한 것은 신라를 불국토로 세우는 작업이었다. 역시 선덕의 사촌인 왕족 자장이 안성맞춤이었다.

한편 석보상절 6권에도 승만경에 대한 이야기가 나온다. 앞서의 바사닉왕과 말리부인(석보상절 표기방식)이 석가모니부처의 설법에 감화를 받고 시집간 영민한 딸 승만을 불러 부처의 수기로 승만경을 설하게 되는 유래가 간략히 들어있다. 잠깐 부언하자면 석보상절釋譜詳節은 석가모니의 일대기를 자세히 할 것은 상세히 적고 생략할 것은 간략히 만들었다는 뜻이다. 권6에는 석가모니께서 일생 동안 설한 반야 방등 법화 열반 등 여러 경전이 나오는데 승만경은 상대적으로 자세히 기록한 편이다. 그 내용은 다음과 같다.

바사닉왕과 말리 부인이 부처를 뵈옵고 찬탄을 드리며 부부가 말하였다.
"우리 딸 승만이 총명하니 부처를 뵙기만 하면 마땅히 빨리 도를 깨달을 것이니 사람을 시켜 알려야 할 것이오."
승만이 부처의 공덕을 듣고 기뻐하며 게를 지어 부처를 기리고 다음과 같이 소원하였다.
"부처께서 저를 어여삐 여기시어 제가 뵐 수 있도록 하여 주십시오."
그렇게 생각하자마자 여래께서 홀연히 허공에 오셔서 무비신(부처의 여러 가지 모습을 갖춘 비교할 데 없는 몸이다)을 드러내시고 승만경을 설하셨다. 〈석보상절 권6〉

승만경은 승만부인이 부처 앞에서 설법을 하고, 부처가 승만의 설법 내용이 옳다고 인가하는 형식으로 되어 있다. 곧 승만과 부처는 동격이고 신라의 승만인 진덕이 지향한 가치일 것이다.

진덕의 외모 또한 부처의 형상과 다를 바 없이 특별했다. 진덕은 몸매가 풍만하고 아름다웠고 7척 장신에 팔이 무릎까지 내려온다[姿質豊麗, 長七尺, 垂手過膝]고 삼국사기에 기록되어 있다. 진덕은 21세기에 태어났어도 만인의 선망의 대상이 될 슈퍼모델급 이상의 체격을 가졌던 것 같다. 신라시대 여자 키가 6척이 넘는 2미터 가량의 장신이었다는 것이다. 또 부처의 32상 80종호에 상응하는 진덕의 큰 키와 팔길이는 승만경의 승만과 같이 재가불자 부처로 격상시키려하는 의지가 엿보인다.

이러한 승만은 647년 진덕이라는 왕으로 즉위하여 어떤 원력을 세워 신라를 다스리고자 했을까. 선덕이 647년 정월에 비담과 염종의 반란 속에 서거하고 그 유언에 따라 왕이 된 진덕은 김유신의 기지로 즉위 7일만에 난을 평정한다. 그리고 이어지는 백제의 침략과 고구려까지 가세한 어려운 상황을 맞자 춘추를 당에 보내 나당 동맹을 맺는 정치력을 보여준다. 8년이라는 짧은 즉위기간 동안 그의 정치철학은 승만의 십대서원과 삼대원에 충실하고자 했을지 모른다.

'오늘부터 보리에 이르기까지'로 시작되는 승만경의 십대서원十大誓願은 다음과 같다.

① 계戒를 범하는 마음을 일으키지 않겠나이다.

② 존장尊長에 대하여 교만한 마음을 일으키지 않겠나이다.

③ 사람에 대하여 성내는 마음을 일으키지 않겠나이다.

④ 타인의 재산이나 지위에 대하여 질투하는 마음을 일으키지 않겠나이다.

⑤ 내가 소유하고 있는 것에 대하여 아끼는 마음을 일으키지 않겠나이다.

⑥ 나 자신을 위해서 재산을 모으는 일을 하지 않겠나이다.

⑦ 사섭법(四攝法 : 布施·愛語·利行·同事)에 의하여 사람들에게 이익을 주는 일을 하되, 자기의 이익을 위해서는 하지 않겠나이다.

⑧ 고독한 사람, 감금되어 있는 사람, 병마에 시달리는 사람, 재난을 당한 사람, 빈곤한 사람을 보고 그냥 버려두지 않겠나이다.

⑨ 새나 짐승을 잡아서 파는 사람, 길러서 잡는 사람, 부처의 계에 어긋난 사람을 보면 놓치지 않고 조복시키겠나이다.

⑩ 정법을 잘 지키고 그것을 잊어버리는 일을 하지 않겠나이다.

지금 바로 우리에게 적용할 수 있는 구체적인 실천법이다. 진덕이 신라의 승만이라면 이 열 가지를 모두 몸과 마음에 새기며 성장하여 그것을 정사에 옮겼을 것이다.

이 중에서 내가 할 수 있는 것을 살펴보자. 말은 간단해도 무엇하나 쉽지 않은 일이다. 오계를 얼마나 지켰던가, 존장에 대한 교만은 커녕 요즘 존경하는 사람 자체가 있기는 한가. 분노조절장애를 겪는 중이고, 남을 질투할 때는 지났다면서도 조금이라도 내 자신이 적절한 대우를 못받는다 생각하면 화가 난다. 내가 주는 것만 크게 생각나고 남에게 받은 것은 잊어버리기 일쑤이다. 뿐이랴 한오백년 살 것처럼 푼돈에 급급하니 보시, 애어, 이행, 동사는 책 속에만 존재한지 오래이다. 가끔 주변의 어려운 사람을 위한 작은 일이라도 하게 되면 스스로 도취한다. 그러니 무슨 조복과 정법까지 나아갈 수 있으랴. 먼 나라의 일이다.

진덕은 현명했다. 이 10대원을 마음에 새기고 있다면 신라와 백성을 위하여 무슨 일인들 못할까. 백제와 고구려의 침략 속에 당과 화친을 맺기 위한 정략으로 진덕은 비단을 짜고 거기에 당고종에게 태평송을 지어 장차 문무왕이 될 법민을 시켜 선물한다.

시 또한 잘 지어서 당나라의 태평성대를 기리는 '태평가'로 고고웅혼(高古雄渾 : 고상하고 예스러우며 웅장하고 막힘이 없음)하다는 평을 들었다.

위대한 당 나라 왕업을 열었으니
높고도 높은 황제의 계획 창성하리라.
전쟁이 끝나고 천하가 안정되니
학문을 닦아 백대에 이어지리라.
하늘의 뜻 이어받아 은혜를 베풀고
만물을 다스리며 깊은 덕 간직하네.
깊은 인仁은 해와 달과 싹하고
국운이 요순시대와 같다네.

나부끼는 깃발은 어찌 이리도 빛나며

징소리 북소리는 어찌 그리도 웅장한가.

나라 밖 오랑캐, 황제 명령 거역하면

하늘의 재앙으로 멸망하리라.

순박한 풍속은 온 세상에 펼쳐지고

멀리서 가까이서 좋은 일 다투어 일어나네.

빛나고 밝은 조화 사계절과 어울리고

일월과 오행이 만방을 돌고 있다네.

산악의 정기는 보좌할 재상을 내리시고

황제는 충성스럽고 어진 신하를 임명한다네.

삼황과 오제의 덕이 하나가 되어

우리 당 나라를 밝게 비추리로다.

이 시를 누군가는 너무 사대적인 것이 흠이라고 하나 진덕의 염원은 '당나라' 대신 '신라'를 위한 태평가로 지었을 것이다. 그러므로 이 시는 당나라라쓰고 신라로 읽어야 진덕의 취지를 이해할 수 있다. 잠시 그 이름을 바꾸어 당의 지원을 얻어 백제, 고구려의 공격을 막아내 신라의 백성을 평안하게 하는 목적으로 사용한 것이다. 이것은 승만경의 ① 정법의 지혜를 구하고, ② 일체 중생을 위하여 법을 설하며, ③ 정법을 획득하겠다는 삼대원을 나타내는 진덕의 통치 스타일이라고 할 수 있다. 나 아닌 남을 위하여 나는 무엇을 어디까지 해 본 적이 있던가. 진덕에게는 남편과 자식에 대한 기록이 없다. 여성은 약해도 어머니는 강하다라는 말은 만고의 진리이다. 신라가 남편이고 백성을 자식으로 생각한다면 전쟁으로 피폐해진 내 가족을 살리기 위해 비단에 글씨를 수놓는 일쯤이야 무엇이 어려우랴. 결국 당고종이 이 글을 아름답게 여기고, 법민에게 대부경을 제수하여 돌려 보내고 처음으로 중국의 연호인 영휘를 사용하게 하였다. 진덕의 전략은 성공했다.

8년이라지만 7년 2개월의 짧은 왕노릇을 한 진덕이 승만이라는 이름에 걸맞게 신라와 백성을 위해 작은 자존심 내려놓고 큰 자존심을 지켜낸 것이라 해석할 대목이다. 그 결과 다음 왕인 김춘추가 삼국을 통일하는 위업을 이룰 수 있도록 물려주었다. 삼국유사 여인의 기상이며 신라 여왕의 기본 품새인 것이다. 언니의 후광에 가려 또는 유신과 춘추의 활약으로 허수아비 왕노릇을 했다는 편견에 가려져 있는 진덕여왕, 우리는 진덕의 면면을 사금파리 주워 그릇을 복원하는 마음으로 찬찬히 찾아내야 할 것이다.

우리들의 일그러진
진성여왕을 위하여

◎　　　　　이상하게도 진성여왕에 대하여서는 역사서에 폄하 일색이다. 삼촌 각간 위홍과 부적절한 관계였다느니 미소년 두셋과 음란한 짓을 일삼았다느니 요새 말로 최고 존엄에게 못하는 말이 없다. 그러나 선덕 또한 용수, 용춘 삼촌들과 결혼하였다. 이 또한 성골을 유지하기 위한 신라왕실의 노력의 일환인데 가히 눈물겹다. 결국 선덕은 후사가 없이 죽어 진골인 김춘추가 무열왕이 되어 진골시대가 열리는 것이다. 물론 김춘추는 진지왕의 아들이라 원래 성골이지만 진지왕이 폐위되면서 진골로 강등되었기 때문에 아들도 진골이 된 것이다.

신라에 세 여왕이 있다. 그나마 선덕에 대하여서만 왈가왈부 설왕설래 말들이 많고, 진덕은 선덕과 무열에 가려지는 징검돌로 소극적으로 그려진다. 그러니 진성은 차라리 무플보다 악플이 낫다는 걸로 위안을 삼아야할까.

삼국유사,
여인과 걷다

그런데 삼국유사에는 세 여왕을 각각 '여왕'이라 명기한 반면『삼국사기』에는 모두 '선덕왕, 진덕왕, 진성왕'이라 표기하고 있다. 실제 능에 가보아도 '선덕왕릉'이라 표지석에 쓰여 있다. 얼핏 선덕을 암탉이라 폄하한『삼국사기』의 김부식이 썼을 법한 여왕의 구분짓기가 보이지 않는 것이다. 한 글자도 허투루 쓰는 법이 없는 우리 선조들의 글쓰기 방식에 어떤 원칙이 있었던 것은 아닐까.

영어 삼국유사를 회원들과 함께 읽고 있다. 마침 35대 경덕왕을 읽고 있는데 아들이 없어 억지로 표훈에게 부탁해 무자식을 딸로, 다시 딸을 아들로 바꿔서 얻는 과정이 나온다. 그리하면 나라가 위태로워진다는 경고도 무시한 채… 아들 36대 혜공왕은 반란에 살해되고 신라 중대가 막을 내린다. 그리고 신하들이 왕이 되는 각축전이 이어져 시해되거나 알 수 없는 이유로 일찍 죽는 등 신라는 기울어 간다. 46대 문성왕 이후 한 왕이 10년 넘게 통치하는데 안정적인 정세를 바라는 것으로 해석된다. 그리하여 48대 경문왕의 딸인 진성은 헌강, 정강 두 오빠의 뒤를 이어 51대 왕위에 오른다. 10년을 통치하는 동안 하루도 편할 날 없이 반란과 도적떼가 들끓었다.
여기서 드는 궁금증 하나, 경덕왕은 어찌하여 이미 27대 선덕과 28대 진덕의 두 여왕이 다스렸음에도 불구하고 천기를 거스르면서까지 아들을 고집했을까. 물론 선덕왕이 여왕이 되고 나서도 당태종의 조롱, 모란이 향기 없는 꽃이라든지 외부의 침략을 막기 위해 당나라 귀족을 하나 보내 섭정을 시키겠다든지 모욕적인 언사가 많았나. 신덕은 비난을 싸고 배넝가를 시어 바치기도 했다. 그러나 모든 것은 해석학의 문제. 자국의 이익을 위해 21세기에도 각국의 국가 원수들은 세일즈하기를 멈추지 않는다. 그래서 선덕은 삼국통일의 기틀을 마련했고 진덕은 당태종에게 외교적인 실리를 얻는다.

진성은 『삼국유사』에 '진성여대왕'으로 서술돼 있다. 위홍은 남편으로 등장한다. 총애하는 신하 몇이 권력을 잡고 전횡하니 도적이 생기고 백성들은 다라니로 그것을 비판하는 글을 길 위에 던져 놓았다고 한다. 기록상 최초의 대자보가 될 것이다.

위의 기록으로 진성여왕때 다라니의 위상은 형태를 패러디해 시국을 비판하는 글을 지어 모두 알 정도로 일반화되었다는 사실을 알 수 있다.

그러나 아무나 할 수 있는 일은 아니어서 '왕거인'이라는 당대 지식인이 용의자로 잡혀온다. 왕거인이 대단하기는 한 모양. 또다시 시를 지어 무고함을 하늘에 호소하니 감옥에 벼락이 쳐서 풀려났다고 한다.

여기서 또 한 가지, 다라니로 글깨나 짓고 이해하는 식자층이 또 있다는 말이 된다. 왕거인의 이름에서 느껴지듯 예사롭지 않은 풍채와 지식을 지닌 권력층에게 경계의 대상으로 보인다. 다라니는 이러하다.

> 남무망국南無亡國 찰니나제刹尼那帝
> 판니판니소판니判尼判尼蘇判尼
> 우우삼아간于于三阿干 부이사바하鳧伊娑婆詞

해설하는 사람은 이렇게 풀이하였다.

'찰니나제'는 여왕을 말한다. '판니판니소판니'는 두 소판을 말한다. 소판은

경주 안강 춤추는 소나무숲

벼슬 이름이다. '우우삼아간'은 세 명의 총애 받는 신하를 말한다. '부이'란 유모 '부호부인'을 말한다."

여왕이 다스리는 것은 난이도가 훨씬 높다. 나라 망하는 것에 귀의한다니… 나라의 여황제가 17관등 중 3관등에 속하는 잡간 또는 소판이라 부르는 남편 위홍과 또 다른 소판, 그리고 6관등인 아간 셋, 유모와 함께 나라를 망하게 하려고 염불을 외는 중이라는 것이다.

과연 그럴까. 진성여왕은 『삼국사기』에 다음과 같이 기록되고 있다.
이름은 만^曼이며, 헌강왕의 여동생이다. 최치원의 「사추증표^{謝追贈表}」에는 이름이 탄^坦으로 나온다. 즉위한 후 1년간 모든 주와 군의 1년간 세금을 면제하여 민심을 수습한다. 황룡사 백고좌법회를 연다. 2년째 각간 위홍과 대구 화상에게 명하여 향가를 수집 정리한 삼대목을 편찬케한다. 공자도 말했듯이 모든 도의 귀결은 예와 악에 있다.

04

삼국유사의 대표스님들 뒤에 우뚝 선 킹 메이커 여인들

신라불교의 기틀을 세운 아도,
그를 키운 어머니 고도령

홀륭한 남자나 꽤 괜찮은 남성을 들여다보면 그 뒤에는 그보다 몇 배 훌륭한 어머니나 아내가 반드시 있었다. 신라에 불교를 전한 아도화상의 경우도 그렇다.

『삼국유사 아도기라^{阿道基羅} 조』를 보면 세 가지 이야기가 나온다.

첫째는 아도가 19대 눌지왕(재위 417~458) 때 묵호자라는 이름으로 활동하며 모레네 집에서 지냈다고 하는 기록이다. 양나라에서 가져온 향의 이름과 사용처를 알려주고 공주의 병을 고쳐주고 사라졌다 한다.

둘째는 21대 비처왕 때에 아도화상이 시자 셋과 더불어 모레네 집에 머물렀는데 묵호자와 비슷했다고 한다. 그가 몇 년 후 죽고 시자들이 경율을 강독해 신자들이 생겼다고 전한다.

셋째는 이 글의 중심 내용으로 길게 서술했는데 다른 기록을 참고해 다음과 같이 정리해 본다.

아도는 고구려 사람으로 어머니는 고도령이다. 중국 사신 아굴마가 고구려에 왔다가 고도령과 사랑을 하여 아도가 생겼다.

아도는 영특해 다섯 살 때 아버지 없는 자신에 대해 물었고 고도령은 아비 없이 자랄 아도를 위해 출가를 시켰다. 아도가 16세가 되자 중국에 가서 아버지 굴마를 만나고 현창화상에게 불법을 배웠다.

19세에 고구려로 돌아오자 어머니 고도령은 신라에 가서 불법을 전하라고 아도를 보내며 3천개월이 지나 불교가 흥할 것이라 예언한다. 또 신라에 칠처가람 터를 알려준다. 아도는 13대 미추왕 2년(263) 왕성서쪽 지금의 엄장사에 지내면서 불교를 전하려다 탄압 받자 모례네 집에 가서 지낸다.

1년 후 미추왕의 딸 성국공주가 병이 났을 때 아도가 고쳐준 뒤 그 답례에 대한 요구로 천경림을 달라고 하여 흥륜사를 짓는다. 모례의 누이동생 사씨도 영흥사를 짓는다. 칠처가람의 첫 번째, 두 번째 절이 지어진 것이다. 불교 보호 세력인 미추왕이 죽자 탄압을 피해 다시 모례네로 돌아가 스스로 무덤을 만들고 다시 나타나지 않았다. 그에 따라 불교도 폐해졌다. 그후 고도령의 예언대로 3천개월 후 법흥왕이 나타나 불교를 일으키니 미추왕(263)에서 법흥왕(514)까지 252년이 된다. (약 3천개월)

일연은 이름과 연대가 분분한 이야기에 대해 나름의 의견을 피력한다.

첫째 이야기인 눌지왕과 소수림왕의 시대가 가까우니 아도는 눌지왕 때 왔을 것이고, 아도나 묵호는 달마대사를 벽안호라 부르고 도안스님을 칠도

삼국유사,
여인과 걷다

인이라 부른 것과 같이 동일인일 것이라고 하였다. 심지어 중국스님인 5세기초 백족화상 담시가 우리나라에 10여년 동안 머물렀는데 기록이 전하지 않은 것도 시대가 비슷하므로 아도, 묵호, 난타 중의 한 사람으로 추정하고 있다.

일단 아도의 기록은 연대가 들쭉날쭉하여 맞지 않는 부분이 있지만 여기서는 역사 고증을 하는 자리가 아니므로 아도의 부모인 아굴마와 고도령의 만남에 집중하기로 하자.

아버지 아굴마는 이름에서 알 수 있듯이 천축인일 가능성이 높다. 조위나 오나라 사람으로도 언급이 되고 있지만 당시의 중국을 지칭하는 것으로 볼 수 있고, 중국으로 귀화하여 관직에 올랐다고 하는 게 자연스러울 것이다. 그는 고구려에 사신으로 와서 꽤 오래 있었던 모양이고 그 곳에서 고도령이라는 고구려 처녀와 아도를 낳게 되는 운명적인 사랑을 하게 된다. 일연은 그들에게 사통私通이라는 단어를 쓰고 있지만 두 사람이 정식 결혼을 하지 않은 상태에서 아도를 임신했기 때문이지 그 외에 고도령에 대한 편견이나 감정은 보이지 않는다. 사실 이러한 이야기는『삼국유사』무왕조에서도 찾아볼 수 있다. 선화공주의 상대인 서동의 경우에서도 서동의 어머니는 과부로 살다가 용과 관계하여 서동을 낳는다. 서동은 어렵게 마를 팔아 생활했으므로, 마를 파는 아이라는 뜻의 '서동' 이라는 이름으로 살아간다. 그렇지만 그는 지략으로 결국 선화공주의 사랑을 얻어 마침내 백제 무왕의 자리에 오르게 된 것이다.

두 경우 모두 아버지는 아이가 태어난 후 부양의 의무를 지지 않는다. 전적으로 모자母子 가정으로 꾸려진다. 그러나 그들이 어머니이기 이전, 그 여인들은 범상치 않은 러브스토리를 간직하고 아이를 백제왕이나 신라불교의 시조로 키워낸다.

아도의 어머니 고도령이 고구려에서 서역인의 모습을 한 중국사신을 만날 수 있는 확률은 얼마나 될까. 둘이 만나 사랑을 하고 아이를 가질 만큼 담대함과 그 아이를 신라전법자로 키워내는 저력이 있으려면 어떤 모습의 여인이어야 할까. 21세기 대한민국에서도 흔치 않은 삶을 선택한 고구려시대 여인이라니…

그뿐이랴. 아이의 총명함을 알아보고 아버지 없이 자라게 하느니 다섯 살 어린 나이에 출가를 시키는 결단을 보인다. 야수다라도 갖추기 어려운 강단이다. 석보상절 권6에 의하면 석가모니의 부인이자 라후라의 어머니 야수다라조차도 라후라를 아홉 살에 출가시키며 자신의 신세 한탄을 시어머니 대애도 앞에서 절절하게 하는 장면이 나오는데 말이다.

그리고 아도가 10년 공부 후에야 아버지를 만나게 하고 아버지 아굴마는 순순히 그의 아이로 인정하고 3년을 중국에서 불교를 유학시킨 후 어머니 고도령에게 돌려보낸다.

아굴마는 아도의 어디를 보고 자기 아들로 인정할 수 밖에 없었을까. 도리사에서 발굴된 아도화상이라고 전해지는 석상에는 패릉에서 봄직한 이목구비 뚜렷한 이방인의 모습을 하고 있다. 이방인 아굴마는 자기 아들임을 한눈에 알아본 것이다.

도리사 전경

성인이 되어 돌아온 아도에게 고도령은 고구려가 아니라 신라에 불교 전법을 펼칠 것을 권한다. 3천 달이 지난 후 신라불교에 대해 예언을 척척하고 결국 들어맞는다. 이 멋진 고구려 여인은 과연 누구란 말인가.

우리는 그저 불교 전래에 대하여 고구려는 소수림왕(372) 때 순도가 불교를 전하고, 백제는 침류왕(384) 때 마라난타로 비교적 정확히 알고 있다. 그러나 신라는 이처럼 설이 분분해 이차돈 순교 후 법흥왕 공인을 정설로 하고 있다는 사실 정도로 정리되고 있을 뿐이다. 곧 미추왕(263) 때 아도인지, 눌지왕(417~458) 때 묵호자인지, 소지왕(479~500) 때 아도인지 불분명하다는 것이다.

이상의 이야기를 종합해보면 고도령은 중국 사신 아굴마와 자유롭게 만날

경주공고 흥륜사터 부자재

만큼 지위나 지적 소양이 대등했다고 볼 수 있다. 또한 그녀의 불교적 식견이나 향후 불교의 흥망을 예측하는 것을 살펴볼 때 거의 보살지위에 오른 도력높은 수행자로 추측된다. 이 여인 또한 아도를 다섯 살에 출가시키고 그후 수행과 정진에 진력하여 아도를 품을 더 큰 그릇으로 자신을 성장시켰다고 볼 수 있는 것이다. 마를 캐다 팔며 백제 왕이 되게 한 무왕 어머니보다, 아도보다 두 배 많은 나이에 울며불며 아들 라홀라를 출가시킨 야수다라보다 고도령은 차원이 다른 고구려 여인의 기상과 기개를 엿볼 수 있게 하는 조어장부의 면모! 아쉽게도 고도령에 대한 기록이 없어서인지 재조명받는 선덕여왕이나 미실에 비해 알려진 바가 없지만 우리가 캐내어야 할 이 시대의 귀감이다.

칠처 가람 영흥사와 최초 여성불자들
비구니 사씨와 법흥왕비 묘법

『삼국유사』에는 여성의 이야기가 많이 나오는 듯 하지만 정작 그에 대해 쓰려고 하면 허공의 바람 잡는 느낌처럼 실체를 잡아내기 어렵다. 영흥사에 살았던 두 비구니의 이야기도 그렇다. 최초로 영흥사를 짓고 살았던 사씨의 기록은 단 한 줄이다. '모록의 누이동생 사씨가 아도스님께 귀의해 비구니가 되었고 삼천기에 절을 짓고 살았는데 이름이 영흥사다.' (아도기라)

250여년이란 세월이 지난 후 영흥사를 다시 짓고 비구니가 된 법흥왕비의 기록은 두 줄 정도이다. '법흥왕이 흥륜사를 짓던 을묘년(535) 왕비도 역시 영흥사를 창건하고 사씨의 유풍을 흠모해 법흥왕과 함께 머리를 깎고 비구니가 되었다. 이름을 묘법이라 하고 역시 영흥사에 살다가 몇 년 후 생을 마쳤다.'(원종흥법 염측멸신)

134

자, 이제 우리는 이 두 마디를 씨실과 날실 삼아 이야기를 완성해야 한다. 마치 퍼즐 한 조각으로 전체 그림을 맞춰야 하는 역사적 사명을 띠고 태어난 사람처럼…

때는 13대 미추왕 3년(262) 성국공주가 병이 났을 때 신라에 온 지 3년째인 아도화상이 고쳐주고 그 답례로 받은 천경림에 띠풀로 소박하게 흥륜사를 지었다. 그때 모록(모례) 장자의 사씨라는 여동생이 아도가 첫 번째 절을 짓는 것을 보고, 두 번째 절 영흥사를 짓고 비구니가 되었다는 것이다. 그러나 불교에 우호적이던 미추왕이 죽고 왕의 비호가 사라지자 불교는 폐지되고 아도는 자취를 감추었다고 한다.

그 후 23대 법흥왕이 왕위에 올라(514) 불교를 일으키니 미추왕으로부터 252년, 고도령의 예언대로 3천여 개월이 적중했다고 일연스님은 적고 있다. 그동안에도 『삼국유사』에는 불교 전래설에 대한 설왕설래, 성국공주가 19대 눌지왕의 딸이라는 설, 공주가 아니라 궁주라는 설, 21대 소지왕 때 전래됐는데 '사금갑'조에 나오는 승려의 불륜스토리 등 사건 사고가 점점이 수를 놓듯 이어진다.

그렇다면 사씨도 짓고 법흥왕비 묘법도 지었다는 영흥사는 지금 어디에 있을까.

지난 2013년 여름 8월, 유사 이래 가장 더웠다는 섭씨 38도의 경주로 영흥사를 찾아 나섰다. 먼저 바늘과 실, 영흥사를 찾으려면 흥륜사를 찾아보는 것이 순서. 처음엔 흥륜사를 쉽게 찾았다. 그러나 그 절은 '흥륜사'라 쓰고 '영묘사'라 읽어야 한다. 그곳에서 '영묘사조^{令妙寺造}'라는 기와편이 최근에 발견되었기 때문이다. (영묘사는 칠처 중 다섯 번째 지어진 선덕여왕 때 절, '신라의 미소'라 일컫는 수막새 기와가 나온 곳으로도 유명하다) 그리고 거기서 1킬로도 되지 않는 근처 경주공고 자리에서 '대왕흥륜사'의 기와편과, '영흥사'로 추정되는 기와편이 함께 발굴되었다. 그리하여 이 세 절은 엎치락뒤치락 이름과 장소가 제각기 자리를 찾지 못하고 학자마다 아직도 절터 추정에 의견이 분분하다는 사실을 나중에 알게 되었다.

이제 그곳에 터를 잡고 절을 짓고 살다 간 이야기의 주인공인 아도와 사씨, 그리고 불교 국가 공인의 주역인 법흥왕과 보도부인의 이야기를 펼쳐 보자. 아도의 신라 불교전래를 물심양면으로 도운 모록과 사씨 남매는 명실공히 신라 최초의 우바새 우바이였다고 할 수 있다. 사씨는 여기서 더 나아가 출가를 감행하여 신라 최초의 비구니로 자리매김한다. '최초의 비구니' 사씨, '최초의 비구니 절' 영흥사, 사씨의 뒤를 잇는 '최초의 왕비 비구니' 묘법 등, '최초'로 점철된 여성 불교 역사의 주인공 사씨는 과연 아도의 어떤 모습에 감화를 받아 출가하고 영흥사를 짓게 된 것일까.

아도는 우선 훌륭한 의사였다. 앞서 보았듯이 위독한 성국공주의 병을 고쳐주고 흥륜사를 짓는다. 또 해동고승전에서도 아도의 풍모와 위의가 남다르고 설법을 할 때마다 하늘에서 꽃비가 내렸다고 한다. 이처럼 아도는 신통력을 갖춘 슈퍼맨이었다. 당시 나라에서는 아무도 모르는 향의 용도와 이름을 알려주는 등 선진 문물에도 해박한 지식인이기도 하였다. 거기에 경과 율을 강하는 불교의 전래자이자 큰 스승이었다.

만일 우리 집에 이런 이국적인 풍모에 대단한 지혜와 신통력을 갖춘 이가 찾아온다면 어떨까. 우선은 오빠의 지극정성 대접과 그 신기한 모습에 호기심

영흥사 절터에서 출토된 석조유물들   경주 흥륜사터(경주공고) 출토 興, 寺 글자 파편

이 생길 것이고 갈수록 멋지고 놀라운 일이 펼쳐지는 것에 차츰 신뢰와 존경
심이 들 것이다. 신격을 갖춘 행동거지와 설법으로 사람들이 감화되는 것을
살펴보면 존경을 넘어 연모의 정도 싹틈직 하다. 그런 그가 수행자로서 반
려가 될 수 없는 사람이라면, 곁에서 그를 본받고 따르며 가르침에 귀의하
는 도반의 삶을 선택하는 것은 어쩌면 자연스러운 귀결일지도 모른다. 그
리하여 사씨는 아도의 뜻을 이어 영흥사와 영흥사의 비구니가 되는 행복한
서원을 이룬다.

그렇게 불교는 전래되었지만 오랜 침체기를 겪다가 전격적으로 이루어진 법
흥왕의 불교 공인과 이차돈의 순교의 배경에는 그렇다면 무슨 일이 있었을
까. 『삼국유사』 속에는 훌륭한 남자 뒤에 항상 열 배 뛰어난 여인이 숨어 있

게 마련이라는 사실을 상기하실 것. 여기에 법흥왕의 왕비 보도부인이 등장한다.

보도부인은 '사금갑'의 주인공인 21대 소지왕(비처왕)의 딸이다. 거문고 갑을 쏘아 궁중의 비구와 궁주의 불륜 현장을 응징하는 '사금갑' 스토리는 지금도 가히 충격적이지만, 역설적으로 당시 궁중에 불교가 그만큼 만연했음을 보여주는 징표라고도 할 수 있다. 아마도 그녀는 간통이라는 불미스러운 사건으로 승려들이 곤욕을 치르고 불교가 위기에 처하자 그것을 타개하기 위해 치밀하게 거사를 계획했을지 모른다. 남편 법흥왕을 신실한 불자로 귀의시키고 이차돈과 밀약을 맺게 해 역전의 한판 승부를 멋지게 치러내는 것이다.

과연 그럴까. 기억하시라. 그녀는 사씨의 유풍을 흠모하여 영흥사를 짓고 묘법이라는 비구니로 출가하여 생를 마쳤다는 사실을. 우리는 이 짧은 이야기에서 어릴 적부터 사씨의 열혈 추종자인 신심 가득한 우바이 소녀를 그려낼 수 있어야 한다. 사씨처럼 되고 싶고 사씨처럼 살고 싶었던 소녀가 왕비가 되었다. 이제 어떻게 하면 사씨의 유풍을 이어갈까를 평생 화두로 삼는 보도부인을 만날 수 있게 되는 것이다.

법흥왕이 흥륜사를 여법하게 재창건하고 출가하여 이름을 법운, 자를 법공이라 하며 만년을 보낼 때, 왕비도 동시에 묘법이라 이름하고 사씨의 절이었던 영흥사를 다시 지어 동반 출가로 생을 마치는 것이다. 곧 법흥왕과 이차돈의 롤모델이 아도였다면 보도부인의 이상형은 사씨였던 것이다.

그 뒤를 계승한 24내 신흥왕노 흥륜사를 멋지게 완공하고 '대왕흥륜사'라는 이름을 하사한다. (이제 그 기와파편이 경주공고에서 발굴된 것이다) 그

리고 만년에 사도부인과 함께 법운과 묘주로 출가하여 명실상부한 불교국
가 신라를 완성하는 역할을 이룩한다. 마침내 아도와 사씨는 신라 최초 비
구와 비구니로서 세상의 왕중왕, 상지상의 존재로 우뚝 서는 것이다.

『삼국유사』의 기록은 짧지만 함의가 깊다. 우리는 흔히 이 섬광같은 한
줄을 놓치거나 자세하지 않다며 그냥 넘어가기 일쑤. 그러나『삼국유사』
도처에서 풀꽃처럼 흔적없던 불보살이 눈밝은 이로 인해 나투시듯, 이 진한
글씨 한 줄 씨앗 속에 백줄의 서사 꽃의 여왕이 숨어 있음은 우리의 행복한
과제!

신라 불국토 프로젝트의 주역 자장율사,
그를 키운 건 팔할이 미실과 선덕여왕

『삼국유사』를 읽다보면 천년의 시공간을 지나는 동안 듬성듬성해진 그림을 보는 것 같다. 이럴 때 함께 조합해 그림 전체윤곽을 잡아줄 퍼즐 조각들로 삼국사기, 화랑세기, 해동고승전, 당고승전 같은 책들이 유용하다. 이제 『삼국유사』를 중심에 펼쳐놓고 이들을 덧대보고 맞춰가며 신라 불국토 프로젝트의 주역 자장율사의 시대로 떠나보자.

결론부터 말한다면 훌륭한 자장율사, 그를 키운 건 팔할이 미실과 선덕여왕이라 할 수 있다. 왜냐하면 미실은 자장을 태어나게 하는데 결정적인 역할을 했고 선덕여왕은 그에게 당나라 불교문화를 직수입해 신라의 불국토 프로젝트를 맡긴 인물이기 때문이다.

미실은 자장의 증조모이고 선덕여왕은 자장의 사촌 누이이다. 화랑세기에 의하면 자장은 미실의 기획으로 태어난다.

帝師新羅國師慈藏律師之真

자장율사

아이가 없던 자장의 부모에게 천수관음상을 조성하게 하고 치성을 드리도록 한 것이다. 천수관음께 자장의 아버지는 아들을 낳으면 중생 제도할 승려로 내놓겠다고 서원하고 어머니인 유모柔母는 그렇게 해서 별 하나가 품속에 들어오는 태몽을 꾸고 자장을 낳는다.

이쯤 되면 미실의 가계가 궁금해진다. 어떻게 자장의 증조가 되고 그 아들과 손녀는 누구일까. 왜 하필 천부관음상이고 그것은 어떤 모습으로 어디에 다시 등장할까.
이런 궁금함을 우선 씨앗처럼 갈무리 해두자.
그 다음에 자장과 인생 전반을 함께 하는 인물이 선덕이다. 그는 왕위에 오

자장율사가 모셔온 부처님 진신사리탑 금강계단(통도사)

른 지 5년만에(636년) 자장을 당나라로 보내 중국의 불교문화와 문물을 들여오고 불교 계율을 신라에 정립시키는 역할을 맡긴다. 이렇게 불국토 건설의 소프트웨어를 마련하고 그것을 담을 하드웨어 분황사, 황룡사 구층탑, 통도사도 함께 만들고 꾸려 나간다. 법흥, 진흥, 진평에 이어 신라의 불국토 체제를 굳히는 팀워크 좋은 남매의 눈부신 활약이 펼쳐진다. 가히 신라시대의 대표적인 두 우바이 미실과 선덕의 이바지에 힘입어 자장율사라는 걸출한 신라 불교 인물이 배출되는 것이다.

선덕여왕은 왜 하필 자장을 그의 특급 브레인으로 삼은 것일까. 자장은 어떻게 출가를 하게 되었고 인생의 중요한 장면마다 나타나는 문수보살은 어떻게 해석해야 할까. 태어날 때는 관음신앙, 출가해서는 문수신앙의 상징이 된 자장의 모습은 신라 불교의 무엇을 시사하는 것일까.

『삼국유사』를 읽다보면 이렇게 꼬리에 꼬리를 무는 궁금증이 생긴다. 거기에 일연스님은 요소요소 보물찾기처럼 다빈치 코드들을 배치하였다. 그러므로 이 글은 『삼국유사』 자장정률편이 중심 텍스트이지만 또 다른 '황룡사 시리즈', '오대산 문수보살시리즈', '진신사리 이야기', '선덕여왕 이야기' 정도는 읽어야 일연스님의 의중을 짚어 볼 수 있다. 그뿐이랴. 세속오계의 원광법사, 사천왕사를 지은 명랑법사 등도 자장율사 전후로 스토리가 전개된다. 결국 『삼국유사』 아홉 편을 종횡으로 누벼야 『삼국유사』의 진정한 스토리텔링이 파악되는 것이다. 필자 또한 아직 한참 멀었지만 깜냥이 부족한 채로 그 해답을 궁리해 보는 재미 또한 쏠쏠하다. 이제 이러한 어설픈 지도 한 장 들고 자장과 통도사 창건 당시로 시간의 주소 찾기를 시작해 보자.

자장의 출생, 미실의 기획과 관세음보살의 가피

자장은 석가모니 붓다와 생일이 같다. 그리하여 이름이 선종랑善宗郞이다. 출가 전 화랑이었을 가능성이 높은 이름이다. 실제 그는 매사냥으로 꿩을 잡는 것을 즐겼는데 잡힌 꿩이 눈물을 흘리는 것을 보고 출가했다는 설도 있다. 부모는 소판 김무림(호림공)과 유모末毛 낭주이다. 이미 드라마 선덕여왕으로 익히 알려진 미실은 아들 하종을 낳았고 하종은 딸 유모를 낳았다. 미실은 손녀 유모를 특히 사랑하여 14세 풍월주인 호림공과 결혼시켜 귀한 아이를 낳도록 주선하고 그들에게 천부관음千部觀音을 조성시킨다.

그럼, 자장의 아버지 호림공은 누구인가. 비처왕의 증손이고 진골왕족이다. 첫 부인과 사별하고 아이가 없자 유모와 재혼하게 된다. 미실이 없었다면 김무림과 유모 낭주의 결합도 없고, 관세음보살의 가피가 없었다면 자장도 없었을 터이니 자장 출생의 팔할은 미실의 공이라 할 만하다.

천부관음은 천수천안관세음보살을 뜻한다. 천개의 손과 천개의 눈은 자비의 손, 지혜의 눈을 상징한다. 자장을 낳게 한 천수천안관음보살의 영험은 『삼국유사 분황사 천수대비 맹아득안조』에 벽화로 등장한다. 경덕왕 때 분황사에서 희명과 앞 못보는 다섯 살 딸이 벽화 앞에서 기도노래 '도천수대비가'를 불러 눈을 떴다는 스토리가 그것이다. 천수천안관세음보살이 당시 신라에서 요즘말로 대세였던 모양이다. 『삼국유사』에는 이 외에도 수많은 관음보살이 여러 모습으로 나타난다.

선덕여왕 즉위 3년만인 634년에 지어진 '향기로운 여왕의 사찰' 분황사芬皇寺에 천수관음 벽화가 모셔져 있음을 일연은 슬쩍 희명을 통해 일러주는 것이다. 또한 '선덕여왕 이야기'에 나오는 향기없는 모란과 대비되는 '분황사'라는 이름도 역설적이어서 오히려 재미있다. 한편 선덕여왕과 분황사, 그리고 천수천안관음보살의 관계도 자연스럽게 연결되고 있음을 알아차려야 한다. 선덕은 분황사의 '자비와 지혜의 관음' 같은 왕이 되고자 한 것일까. 그 가피로 신라를 천개 만개의 손길과 안목으로 다스리고자 하는 염원이 담긴 것은 아닐까.

사촌 남매의 불국토 프로젝트

자장과 선덕여왕의 관계는 어떠했을까. 선덕여왕은 진평왕과 마야부인의 딸이다. 마야부인과 자장의 아버지는 남매간이다. 곧 선덕과 자장은 사촌이 된다. 어머니의 이름 마야부인에 주목. 마야는 석가모니부처의 어머니 이름이다. 진평왕의 다른 이름은 백정왕白淨王, 석가모니 아버지 Suddhodana 정반왕淨飯王의 다른 이름이다.

이미 법흥왕 때 이차돈의 순교로 불교가 공인되었고(527), 법흥왕 부부는 만년에 법공과 묘법으로 동반 출가한다.

다음 진흥왕 때는 흥륜사, 황룡사를 완공하거나 창건하고 불교를 적극적으로 보호한다. 그러한 진흥왕과 사도부인도 만년에 법운과 묘주로 출가하여 여생을 마친다. 그리고 마침내 진평왕 부부가 석가모니 부모의 이름으로 우뚝 서는 것이다. 그들에게 석가모니같은 딸이 바로 선덕여왕이다. 삼국유사 〈황룡사구층탑〉조를 보면 문수보살이 자장에게 하는 말 중, 신라왕이 석가모니와 같은 크샤트리아 종족(찰리종)이고 부처의 수기를 받은 왕이라고 증명하는 이야기가 나온다.

선덕여왕의 이름이 '덕만'인 것도 '열반경'에 등장하는 덕만 우바이가 중생을 제도하고자 일부러 여자의 몸으로 태어난 데서 취했다는 설이 있다. 왕명 선덕도 '대방등무상경'의 선덕바라문과 관련이 있다고 전한다. 선덕바라문은 석가모니로부터 전륜성왕이 될 것이라는 수기를 받고, 부처 열반 후 사리를 받들며 도리천의 왕이 되고자 발원하였다. 도리천에 장사 지내달라고 한 '선덕여왕 유언'의 내용을 상기해 보시라.

『삼국사기』는 선덕여왕의 성품과 인격을 다음과 같이 전한다. 왕이 되기 전 이름인 덕만일 때 성품이 너그럽고 어질고 총명하며 민첩했다고 기록하고 나라 사람들이 왕으로 세워 성조聖祖황고皇姑로 칭했다는 것이다. 그러므로 선덕여왕은 전륜성왕의 자질을 갖추고 중국 오대산 문수보살에게 인증받은 신라의 준비된 불국토 건설자였던 것이다. 이러한 선덕여왕을 위해 자장은 어떤 프로젝트를 가동했을까.

자장율사의 신라 불국토 프로젝트

삼국유사 〈자장정률〉로 그 이후 이야기를 이어가 보기로 하자.

선덕여왕은 재상으로 자장을 등용하고자했으나 자장이 백골관을 닦으며 용맹정진, 하루를 살더라도 계율을 지키겠다며 거절하자 출가를 허락한다. 이 때부터 자장은 이미 천인의 오계를 받고 대중들에게도 계를 주는 율사였다. 선덕여왕의 칙명으로 통치 5년째인 636년에 문인 승실 등 10여명과 당나라로 들어가 오대산에 가서 문수보살을 꿈에 만난다. 자장이 원하던 나라였지만 여러 사람을 대동하고 가는 왕명으로 보았을 때 유학이 우선이 아닌 외교사절의 역할이 이쩌면 더 컸을지도 모른다.

그는 문수보살에게 산스크리트로 된 사구게를 받고, 다음날 신이한 스님이

와서 해석해주며 부처의 금란가사와 사리까지 얻는 특급 대우의 주인공이 된다. 바로 여기서 자장의 인생에 평생 의지처라 할 문수보살이 등장한다. 문수보살은 지혜의 상징이며 부처의 어머니라고도 불리는데 이로 인해 자장은 신라에 문수 신앙의 전래자로 불린다.

문수보살의 수기를 받은 자장은 당나라에서 장님을 눈뜨게 하는 등 수많은 영험을 보여 당태종도 총애를 하였다고 한다. 왕명으로 떠난 자장, 볼모의 역할도 있었던지 선덕여왕은 643년에 당태종에게 귀환을 요청하고 태종의 허락으로 귀국한다.

그때 태종은 자장에게 예물을 하사했는데 자장은 신라에 필요한 불경과 불상, 번당, 화개 등을 청하여 가져온다.

선덕은 그를 분황사(또는 왕분사王芬寺)에 주석하게 하고 대국통으로 삼았다. 물론 그 역할에 걸맞는 자장의 이적과 영험은 끊이지 않았다. 궁중과 황룡사에서 법문을 청할 때 7일 동안 하늘에서 단비가 오고 구름과 안개가 자욱한 신이함을 보였다는 것들이 그 일례이다.

대국통이라는 날개를 단 자장은 신라에 체계적인 불교의 규범을 세우기 시작한다.

비구승니 5부에 계율을 확립하고 보름 단위, 또 겨울과 봄에 맞추어 계율을 점검하고 시험을 치는 등 신라 불교 율법의 체계를 확립해 나간 것이다.

이러한 결과 나라 안에 계를 받고 부처의 가르침을 받드는 불자가 열에 아홉이나 되었고 출가하는 사람들이 점점 많아져 선덕여왕 15년인 646년에 드디어 '통도사'를 창건하고 '계단'을 쌓아 중생을 제도하게 된다. 통도사 절

삼국유사,
여인과 걷다

터를 찾아 사촌누이 선덕여왕과 당시 취서산(영축산) 일대를 헤맸다는 전설이 통도사에 전해져 올 만큼 이 두 남매는 불국토 건설에 헌신하였다. 또 함께 황룡사 구층탑을 세워 국력을 결집한 것도 남매의 대표적인 업적이다.

만년에 자장은 강릉 수다사(현재 월정사)를 창건하여 살았다. 그런데 아뿔싸 여기서 스타일을 구긴다. 두 번의 문수보살이 나타나지만 자장은 끝내 알아보지 못하고 문전박대한 후 뒤늦게 허겁지겁 따라가다 어이없이 생을 마친다. 문수보살과의 감응으로 대국통이 되고 신라에 불교 계율을 확립한 것은 물론 때마다 문수보살의 현신으로 수많은 영험을 일으켰던 그가 생애 마지막 문수보살과의 파국으로 비극적인 결말을 맺는 것은 무슨 까닭인가.

자장이 태어날 때 관음 신앙이 대세였던만큼 그가 들여온 문수 신앙과 충돌을 일으켜 그를 못마땅해 하던 이들의 소행일까. 그러나 삼국유사에 이와 비슷한 이야기들이 곧잘 등장한다. 원효는 자장과 반대로 관음을 친견하고자 노력했으나 번번이 알아보지 못하는 헛똑똑이로 등장한다. 우리에게는 대덕인 고승들을 짐짓 골탕먹이는 것처럼 보이는 이 스토리텔링들의 깊은 뜻은 과연 일연스님만이 아실까. 아마도 곳곳에 흥미진진한 장치를 해놓고 독자들에게 아는 만큼 보여 주실 것이다.

많은 궁금증만 일으키고 맺게 된 주마간산 자장율사와의 시간여행. 무릇첫 여행은 여기저기 다시 올 곳 점만 찍고 오기 마련이다. 이를 계기로 본격적인 신라 불국토 방방곡곡 삼국유사 여행 티켓을 거머쥐시기 바란다. 이제우리 여행에 관음과 문수의 가피를 입은 자장과 선덕 남매, 미실도 탑승했으니 앞으로 더욱 흥미진진한 삼국유사를 기대해도 좋을 것 같다.

의상대사와 제자들,
그리고 특별한 첫 제자 선묘

의상대사에게는 뭔가 특별한 것이 있다. 의상義相에게
가 닿기만 하면 의상에게 걸맞는 대단한 사람이 되는 것이다. 삼국유사에
는 의상에 관련된 내용이 자주 나오는 편이다. 문무왕 시대 의상이 유학 중
김인문에게 당나라 침략 계획을 알려 명랑법사에게 사천왕사를 세워 막게
하는 이야기, 흥륜사에 금당 십성이 모셔져 있는데 그 중 의상이 아도 염촉
과 함께 동쪽에 안치된 이야기, 〈전후소장사리〉조에 중국 화엄 2조 지상
사 지엄선사와 함께 도선율사에게 공양을 받는 이야기도 흥미진진하다.

낙산에 관음보살을 친견하고 낙산사를 짓는 유래가 담긴 〈낙산이대성洛山
二大聖〉 이야기와 원효와 당나라 유학을 떠나던 이야기가 담긴 〈의상전교
〉도 유명한 이야기이다. 무엇보다 '추동기'의 저자 지통이 나오는 〈낭지승
운, 보현수〉와 〈진정사 효선쌍미〉의 주인공 진정스님에 대한 십대 제자

이야기는 걸출한 제자를 둔 스님의 학문 세계를 대변해 준다.

그리고 부석사를 짓게 된 유래인 선묘 낭자의 사랑과 불심 또한 십대제자를 뛰어넘는 스토리텔링이다. 이 이야기는『삼국유사』에 전하지 않고 '송고승전'에 전한다. 또 일본 쿄토 고산사에도 전해져서 지금도 살아 숨쉬는 듯한 의상과 선묘의 진영과 조각이 국보로 대우받고 있다.

이렇게 한국, 중국, 일본에 공히 그 명성이 자자한 의상스님, 그는 과연 어떤 인물이었을까.

우리 나라의 진영을 모본으로 하여 그려졌을 것이라 추측하는 고산사의 의상스님 진영을 바라본다. 흰 얼굴, 후덕한 모습이다. 조선 영조 때 그려졌다는 우리나라 범어사의 진영도 얼굴이 흰 편이다. 이 모습 어디에서 사람들은 그토록 감화를 받은 것일까. 부처님의 후신이자 성인으로 추앙받고 그의 제자들도 아성亞聖으로 칭송되었을 만큼 그의 감화는 크나크다. 그러한 그에게 십대 제자보다 제일 먼저 제자가 된 선묘아가씨. 그녀가 있어 그의 인생을 더욱 풍성하게 해준다. 자칫 짝사랑 연정이나 선덕여왕을 사랑하다 불귀신이 되고 만 지귀처럼 비극적으로 끝났을지도 모를 세간의 이야기가 불심으로 승화된 사랑이야기 한 편.

의상(625-702)은 화엄종의 교조이다.『삼국유사』에 아버지는 김한신이고 29세에 황복사에서 출가하였다고 하나 부석사비에 전하는 19세 출가설이 더 실득력이 있다. 650년 원효와 함께 당나라 불교 유학차 요동으로 갔다가 첩자로 몰려 수십 일만에 풀려난 후 11년만인 661년에 드디어 유학을 떠

의상진영(일본 고산사 도록 사진)

난다. 한 번 마음먹은 것은 끝까지 이루어내는 집념의 사나이 의상.

이렇게 중국 당나라에 어렵사리 첫 발을 딛자마자 우리의 주인공 선묘 낭자가 등장한다. 양주 주장州長인 유지인의 집에 도착해 머물게 되는데 그의 딸 선묘 낭자 또한 절세가인. 선남선녀가 만났으니 러브 라인은 자연의 이치. 선묘는 한 눈에 의상을 흠모하게 된다. 그러나 의상은 출가한 스님, 더욱이 어떻게 온 유학인가. 파도가 아무리 몰아쳐도 뭍처럼 꿈쩍않는 의상을 위해 그녀는 더 큰 사랑을 결심한다. 이 생에서 맺지 못할 남녀간의 결합에 연연할 것이 아니라, 세세생생 스님께 귀의해 대승을 배우고 불도를 이루겠다고 서원한다. 의상의 불제자로서 대업을 이루도록 공양을 올리고 공부와 교화, 불사를 성취하는 데 전심전력할 것을 발원한다. 의상의 교화로 이루어진 결과이다. 이 대목은 '석보상절'의 '선혜'와 '구이'의 만남을 연상시킨다.

연등불을 맞이하기 위해 구이의 꽃을 얻으려하던 선혜에게 구이는 세세생생 선혜의 부인이 되는 조건으로 꽃을 건네 후생에 석가모니와 야수다라 부부의 연으로 만나게 되지 않던가.

의상은 그 후 화엄종 2조 지엄에게 8년 동안 화엄을 공부하는데, 이 때 남산 율종의 개조인 도선율사와도 교유한다. 그리고 중국화엄의 3조인 현수법장과는 귀국 후에도 수십 년 동안 교유를 맺는다. 10년 후 671년 의상이 신라로 돌아올 때 다시 그 동안의 보시공덕에 사례하기 위해 선묘의 집을 찾아 간다.

과연 인사차 방문만이 목적이었을까. 그 지방 수장의 딸이자 꽃답게 아리따운 선묘 낭자에 대한 마음은 전혀 없었던 것일까. 선묘의 조각상을 보면 당나라의 후덕한 양귀비를 연상시키는 당대 미인의 모습이다.

그러나 선묘를 애닯게 하기로 작정한 듯 야속한 의상, 선묘가 의상스님을 위해 준비한 옷과 집기들을 가지고 의상이 탄 배로 달려갔을 때는 아뿔싸 배는 이미 떠나가고 있었다. 그 간절함과 의상에 대한 귀명으로 그녀는 일심으로 염원한다. '원컨대 제가 서원했던 대로 이 공양물이 저 배에 닿게 하여지이다' 그러자 질풍이 불어 그것을 새털처럼 가볍게 배에 안착시키는 것이 아닌가. 그 결과에 놀란 선묘 더 큰 발원 다시 한 번, '원컨대 이 몸이 큰 용이 되어지이다'하고 바다로 몸을 던지니 과연 용이 되어 그 배를 이끌고 신라에 안착하였다는 이야기. 지성이면 감천이라는 말이 눈앞에 펼쳐지는 순간이다.

누군가를 이토록 열렬히 절절히 사랑할 수 있다면 종교도 천지자연도 그에 감응하고 감동한다는 놀라운 이적. 안도현의 시, 연탄재만큼 뜨거운 사람조차 되어보지도 못한 현대인들에게는 아득한 이야기…

귀국한 의상은 화엄을 펼칠 터를 찾는데 하필 500명이나 무리 짓고 사는 이교도들의 거처가 안성마춤. 그러자 용이 된 선묘가 의상을 호위하는 것을 알고 있던 신이 큰 바위로 변해 그들 위에 떠서 겁을 주자 달아나버려 비로소 절을 짓게 되었다. 그리하여 허공에 '뜬바위 절, 부석사浮石寺'라 이름하였다.

의상이 여기서 화엄을 펼치자 제자들이 구름처럼 모여들고 그 중에서도 뛰어난 십대 제자를 두게 되었다. 의상대사의 십대제자는 오진悟眞, 지통智通, 표훈表訓, 진정眞定, 진장眞藏, 도융道融, 양원良圓, 상원相源, 능인能仁, 의적義寂등이다. 지위 고하를 가리지 않은 제자들의 면면도 이채롭다.

진정은 홀어머니를 두고 남은 쌀을 모두 주먹밥을 만들어 의상을 만나러 간다. 3년 후 필경 걸식을 하다 죽었을 어머니의 부음에 진정은 일주일동안 그 슬픔을 선정에 드는 수행으로 다스린다. 그것을 들은 의상스님은 소백산 추동(송곳골)로 들어가 90일동안 화엄경을 강설했는데 그때 지통이 기록한 것이 '추동기'라는 것이다. 그 지통은 이량공의 종이었는데 7살에 낭지 화상에게 출가했다고 전한다.

표훈은 불국사를 지은 김대성에게 화엄을 가르치고, 오진은 안동 골암사에서 밤마다 팔을 뻗어 부석사의 등불을 켰다고 한다. 또『삼국유사』에는 기록되지 않았지만 도신道身 또한 의상의 강의를 기록한 '도신장'을 남긴 제자였다.

각자의 자리에서 각자의 근기대로 의상을 스승으로 빛낸 제자들은 이렇게만 보아도 최소 12명이다.

의상은 그 후 화엄십찰을 이루고 '화엄경'을 위시해 '법계도', '백화도량발원문', '탐현기'등을 강설해 해동화엄초조로 불리게 되었다. 그리고 선묘는 부석사 무량수전과 석등 사이에 석룡으로 화하여 묻혀있다. 이 전설같은 사실은 실제 2001년 탐사 결과 13미터의 석룡의 모습으로 발견되어 화제가 되었다.

사람을 사랑한다는 일. 이생에서 또 세간에서 둘이 마음이 맞아 결실을 이루는 일 또한 지난 한만큼 행복한 일이지만, 한 사람을 바라보며 세세생생 만나기를 서원하고 출세간의 법을 향해 망설임없이 투신하는 선묘낭자의 큰 사랑은 속인으로서 가늠할 길 없다.

그럼에도 불구하고 이 가을 눈밝혀 나만의 의상과 선묘를 찾아내 이 생을
세세생생처럼 사랑하시기를… 이 서원이 가능한 것은 의상대사의 가르침대
로 우리는 모두 오척의 몸을 가진 부처 오체불五體佛인 까닭이다.

부석사 부석

삼국유사,
여인과 걷다

영주 부석사

원효 소조상이 고개 돌려 바라본 설총, 그 너머 요석공주

일본 교토 은각사 아래 에이칸토^(永觀堂)에 간 일이 있다. 거기서 신기한 불상을 보았다. 고개를 돌리고 있는 부처님이 서 계신 것이다. 순간 삼국유사의 원효불기^{元曉不羈}조의 설총을 향해 고개를 돌려 바라보았다는 원효의 소조상이 떠올랐다. 원효의 유해로 아들 설총이 빚었다는 원효의 상이 남아 있다면 이러한 형상이 아니었을까. 삼국유사에서 고개 돌려 설총을 바라보았다는 원효상 이야기부터 살펴보기로 하자.

우리 나라에는 이 원효의 회고상^{廻顧像}이 남아 있지 않지만 일본 에이칸토의 고개를 돌리고 있는 아미타상이 그것을 모본으로 삼았을 가능성도 배제할 수 없다. 그렇다면 원효의 회고상이 주는 메시지는 무엇일까.

먼저 아미타상을 찬찬히 바라본다. 그 모습이 단아하면서 그윽하다. 원효와의 연장선상에서 보아서일까. 아들을 바라보는 애틋한 눈매는 그 아들을 지나 그 너머를 바라보고 있는 듯하다. 죽어서도 자기를 부처님 모시듯 깍듯이 예경하는 아들 설총에게 '돌부처도 돌아 앉는다'는 속담의 반전 효시가 된 형상일지도 모를 일이다. 어떠한 마음이었으면 그의 유해로 만들어진 자신의 모습이 이렇게 뻗친 것일까. 문득 부처 열반 시 제자 가섭이 늦게 도착하자 부처가 관 속에서 두 발을 뻗쳐 내보였다는 삼처전심의 이적도 떠오른다. '곽시쌍부'라 불리는 이 이적 후 부처의 상수제자 마하가섭은 경과 율을 결집하고 교단을 이끌어가는 지도자가 되었다. 설총은 아버지의 뒤를 이어 불교에 귀의하지는 않았지만 신라를 대표하는 유학자가 되었고 신라 말 표기방식인 이두를 총정리한 신라의 지도자가 되었다.

원효의 행적은 알려진 바와 같이 생사에 걸림없는 무애행의 연속이었던 동시에 여러 경전을 회통해 우리 불교의 대표적 특징이 되고 있는 일심一心과 화쟁和諍 사상을 마련한 인물이기도 하다. 그리하여 원효는 흥륜사에 그려진 신라 십성 중 하나, 설총은 신라 십현에 속하는 인물로 자리매김해 그야말로 부자가 신라 불교와 유교의 양대 산맥을 이루고 있다고 해도 과언이 아니다. 이 두 사람이 있게 만든 중심 인물은 누구일까. 바로 요석공주이다. 원효가 바란 구원의 여인상이자 설총의 어머니!

『삼국유사』에도 『삼국사기』에도 그 유명한 요석공주는 기록이 없다. 그나마 삼국유사 '원효불기元曉不羈'조에 '요석궁 부공주瑤石宮 寡公主'한 줄이 전부이다. 원효가 우리 말로 '새벽'으로 불렸다면 요석도 '옥돌'이나 '구슬'로 불렸을지도 모른다. 요석공주는 생몰연대도 나오지 않는다. 우선 그의 생애에 대한 자취부터 살펴보기로 하자.

요석공주는 그저 태종무열왕의 딸이라고도 하고 아니라고도 한다. 무열왕 김춘추의 첫째 딸이 보라궁주가 낳은 고타소라고 화랑세기에 나오니 요석 공주는 둘째 딸이라고도 한다. 이제 지난 호에 보았던 '김춘추와 김유신, 문희, 보희의 시대'에서 그들의 소생인 자식 세대 러브스토리가 이어지는 것이다.

요석공주는 정비가 된 문명왕후 문희가 아니라 나중에 후처가 된 언니 보희의 딸이라고 한다. 그러므로 보희가 낳은 개지문, 거득, 마득과 남매간이 된다. 따라서 문희의 아들 문무왕은 요석공주의 이복오빠가 된다.

그녀를 과부로 만든 주인공은 백제 전투에서 655년 전사한 김흠운이라고 전해진다. 617년생인 원효는 김흠운이 전사한 655년 이후인 삼십대 후반이나 사십대 초반에 과부가 된 요석공주를 만나게 되는 셈이다. 그녀의 생몰 연대는 전해지지 않으나 이복오빠 문무왕이 626년에 태어나고, 그 동생 김인문은 629년에 태어난 뒤에 태어났다. 늦게 둘째 부인이 된 보희가 개지문을 낳고 그후 요석이 태어났으니 최소한 630년은 지나서 태어났을 것이다. 그러면 원효와 나이 차이가 십수년은 족히 되었을 듯하다. 그렇게 맺어진 원효와의 러브스토리는 신라 전체를 뒤흔드는 스캔들이 된다.

『삼국유사』에는 원효에 대한 기록이 열 번 남짓 나온다. 원효는 태어날 때부터 석가모니붓다와 탄생담이 같고 신라에 부처를 처음으로 빛나게 하여 원효元曉라고 이름했을 정도이다. 태어나면서부터 총명해 스승에게 배울 것이 없었다고 한다.

출가 후 의상, 혜공, 내안, 사복 등과 교유 일화를 남기며 신라를 대표하던 승려 원효가 스캔들 메이커를 자처하는 일을 벌인다.

『삼국유사』에는 풍전창가風顚唱街하였다고 하는데 풍전은 상례에 벗어난 행동이라는 뜻이다. 곧 다음과 같은 '서동요' 못지 않은 노래를 거리에서 불렀다는 것이다.

누가 자루 없는 도끼를 내게 허락하려는가.
나는 하늘 떠받칠 기둥을 찍으리.

誰許沒柯斧(수허몰가부)
我斫支天柱(아작지천주)

하여튼 이 '얼레리꼴레리'에 해당하는 노래를 무열왕이 알아듣고 원효와 요석공주의 합방이 이루어진다. 원효는 이와 같이 요석공주에게 공개구혼을 하고 예상했던 대로 나면서부터 총명하여 이름도 설총薛聰이 된 아들을 얻게 되는 것이다.

원효는 마음먹은 바가 있었던지 설총을 낳고는 속인의 옷으로 갈아입고 소성거사小姓居士라 이름하고 본격적으로 신라에 대중 불교를 정착시킨다. 『화엄경華嚴經보살문명품』에서 말한, "일체법에 걸림없는 무애인, 한 길로 죽고 사는 것을 벗어났네(一切無礙人一道出生死)"는 '무애' 곧 걸림없는 '원효불기元曉不羈'를 실천하며 천촌만락 무지몽매한 백성들에게 부처와 나무아미타불 염불을 가르친다. 그동안 왕실과 귀족 중심이었던 신라 불교를 국민 불교로 전환시킨다. 그 스스로 광대를 자처하고 '무애'라는 바가지를 두드리며 누구나 '부처'를 알게 하고 '나무아미타불' 염불을 할 수 있게 되었다는 것이다. 민중불교의 효시이다. 그렇다면 이 모두를 종합할 때 요석공주는 어떠한 의미를 갖는 인물일까. 부처의 땅 불지佛地에서 태어나 부처의 해를 처음 비춘 원효元曉가 아닌가. 석가모니부처의 부인은 '야수다라'이다. 부처의 십대제자 밀행제일로 이름난 '라홀라'를 아들로 키웠고 부처를 키운 대애도와 함께 비구니가 된 보살이다. 곧 요석은 원효의 야수다라이다. 삼국유사에서 요석을 뜻하는 칭호로 '귀부貴婦'가 나온다. 원효가 원했던 '귀부인'은 일반적인 귀부인이 아니라 부처의 아내이자 라홀라의 어머니와 동격의 인물이었던 것이다. 라홀라가 부처의 십대제자였듯이 설총이 신라 십현이 된 것도 일맥상통한다.

요석공주는 신라 민중불교의 부처 원효의 야수다라이자, 라홀라와 같은 아들을 키워낸 설총의 어머니로 자리매김한 신라 민중 불교의 보살이었다. 지금도 경산 반룡사 주변 마을에서는 요석을 관세음보살로 보는 전설이 전해진다. 원효의 소조상이 고개돌려 바라본 것은 그의 염원이 실현된 설총과 요석공주의 나라 부처의 땅이 아니었을까.

그녀가 반했을 법한 원효의 모습이 또한 일본의 국보로 남아있다. 함께 남아 있는 의상의 모습이 희고 단아한 데 비하여 구릿빛 얼굴의 부리부리하고 결기 있는 모습으로 그려진 원효. 이 또한 신라의 진영을 모본으로 하여 그려졌을 거라 추측하고 있다. 우리 시대의 원효와 요석을 우리는 누구에게서 찾을 것인가.

고개를 돌리고 있는 아미타불(교토 영관당)

원효와 요석의 월정교

김유신과 누이들의
통일신라 꿈 프로젝트

⊙ 　　　　　　김유신은 가야계 왕족의 후예로 삼국통일을 이룩한 주역이다. 유신의 아버지 김서현과 어머니 만명부인의 러브스토리는 가히 가야와 신라의 로미오와 줄리엣이라 할 만하다. 신라에 통합된 약소국 출신의 가야 남자와 지증왕, 진흥왕의 후예인 숙흘종의 딸 만명과의 결합은 쉽지 않았다. 『삼국사기』에는 아버지 숙흘종이 만명을 감금했으나 벼락이 쳐서 탈출해 혼인했다는 기록이 있다. 그 결실로 삼국통일의 실질적 주인공 김유신과 딸 보희와 문희를 낳아 태종 무열왕 김춘추와의 삼국통일 프로젝트가 시작된다.

유신은 춘추와 누이 문희 커플을 성사시키기 위해 부모의 러브 스토리를 능가하는 신라와 가야 통합 '굳히기 작전'에 돌입한다. 이제 가야 혈통 삼남매의 통일 신라를 섭수하는 과정을 살펴보기로 하자.

사실 유신은 처음에 문희의 언니 보희를 춘추의 배필로 점찍어 두고 거사를 계획한다. 이 드라마틱한 결혼이야기는 지금까지 연재된 이야기에서 누누이 보아 왔듯이 '삼국유사 - 삼국사기 - 화랑세기' 등 여러 책의 퍼즐을 조합해야 하나의 완전한 스토리텔링이 이루어진다.

먼저 『삼국유사』의 간략 스토리부터 살펴보자.

〈김유신〉조에서는 서현과 만명 사이에 유신, 흠순, 보희, 문희 사남매를 두고 있음을 밝히고 있다. 여기서 언니 보희의 아명이 '아해'이고 동생 문희의 아명이 '아지'로 불리고 있는 것이 흥미롭다. 최근까지도 우리 어머니 세대나 할머니 세대 이름 중 '아기, 간난, 아지' 등이 드물지 않았다. 언니는 '아지'보다 큰 '아해' 곧 아이의 뜻으로, 동생은 어린 아기의 이칭인 '아지'로 오랜 이름 역사의 화석을 보여 주고 있는 것 같다. 지금도 '아지'는 그 흔적으로 '송아지, 강아지' 등 갓 태어나 어릴때 작은 모습을 지칭하는 동물의 접사로 남아있는 것이다.

> 호력 이간^{伊干}의 아들 서현각간 김씨의 맏아들이 유신^{庾信}이고
> 그 아우는 흠순^{欽純}이다. 맏누이는 보희^{寶姬}로서 소명^{小名}은 아해^{阿海}이며,
> 누이동생은 문희^{文姬}로서 소명이 아지^{阿之}이다.

그리고 〈29대 태종 춘추공〉조에 다음과 같이 소상한 '춘추와 문희'의 결혼전말기가 실려 있다.

1) 태종대왕의 이름은 춘추, 성은 김씨이다. 용수(혹은 용춘) 각간으로 추봉된 문흥대왕의 아들이다. 어머니는 진평대왕의 딸 천명부인이며 비는 문명황후 문희이니 곧 유신공의 막내 누이였다.

2) 처음에는 문희의 언니 보희가 꿈에 서악西岳에 올라가서 오줌을 누는데 오줌이 서울 안에 가득 찼다. 이튿날 아침에 문희에게 꿈이야기를 하자 문희는 이 말을 듣고 "내가 그 꿈을 사겠어요"하고 말하니, 언니는 "무슨 물건으로 사려 하느냐"하고 물었다. "비단치마를 주면 되겠지요." 언니가 "그렇게 하자"하여, 동생이 옷깃을 벌리고 받으려 하자 언니는 "어젯밤 꿈을 네게 준다"했고, 동생은 비단치마로 값을 치렀다.

3) 그런 지 10일이 지났다. 정월正月 오기일午忌日에 유신庾信이 춘추공과 함께 유신의 집 앞에서 공을 찼다. 이때 유신은 일부러 춘추의 옷을 밟아서 옷 고름을 떨어뜨리게 하고 말하기를 "내 집에 들어가서 꿰매도록 합시다"하니 춘추공은 그 말을 따랐다.

4) 유신이 아해(보희)를 보고 옷을 꿰매 드리라 하니 아해는 말한다. "어찌 그런 사소한 일로 해서 가벼이 귀공자와 가까이 한단 말입니까"하고 사양했다(고본古本에는 병 때문에 나오지 않았다고 했다). 이에 유신은 아지에게 이것을 명했다.

이에 대하여『삼국사기』에는 이때의 정황을 좀 더 자세하게 묘사하고 있다. '서악'을 '서형산西兄山'으로 구체적으로 이름을 밝히고 있고 역사적 사실을 간략하게 서술하는 것과 달리『삼국유사』4)의 정황을 이어서 자세하게 기록하고 있다. 특히 문희의 용모와 맵시에 치중하여 표현하고 있는 점이 흥미롭다.

> 5) 유신은 주연을 베풀고 조용히 보희를 불러 바늘과 실을 가지고 와서 옷을 꿰매도록 하였다. 그러나 만누이 보희는 일이 있어 나오지 못하고, 동생이 앞에 나와 옷고름을 달았다. 그녀의 자연스러운 화장과 가벼운 옷차림, 빛나고 자태가 눈부셨다[淡粧輕服, 光艶炤人].

'화랑세기' 춘추공의 내용은 위 두 내용과 또 다르다. 먼저 6)의 내용과 같이 춘추공의 용모와 성격을 묘사하고 있다.

> 6) 18세 (풍월주) 춘추공은 우리 무열대왕이다. 얼굴이 백옥과 같고 온화한 말로 말을 잘하였다. 커다란 뜻이 있었고 말이 적었으며 행동에는 법도가 있었다[王面如白玉溫言善辭有大志少言語動靜有度].

'삼국유사' 2)와 달리 언니 보희는 그 꿈이 불길하다고 생각해 팔았다는 것이다. 또 4)의 병을 칭해 문희가 대신했다는 내용이 4-1) '화랑세기'에 실려 있음을 확인할 수 있다.

2-1) 이에 앞서 문희의 언니 보희寶姬가 서악西岳에 올랐는데 큰물이 경성에 가득한 것을 보고 불길하다고 생각하였다. 문희가 비단치마로 바꾸었다.

4-1) 유신이 보희에게 시키고자 하였는데 병 때문에 할 수 없어서 문희가 이에 나아가 바느질을 하여 드렸다.

지금까지 내용을 발단으로 이제 본격적인 춘추와 문희의 2라운드, 임신과 결혼에 대한 세 가지 다른 내용의 기록을 살펴보기로 하자.
『삼국유사』에는 유신의 계획대로 벌어진 사건에 대하여 짐짓 문희의 임신사실을 꾸짖고 문희를 화형대까지 오르게 해 선덕여왕에게 이 사실을 알린다. 그리고 춘추를 다그쳐 결혼에 이르게 하는 극단적인 퍼포먼스를 실행하고 있다.

7) 춘추공은 유신의 뜻을 알고 드디어 아지와 관계하고 이로부터 자주 왕래했다. 유신은 그 누이가 임신한 것을 알고 꾸짖었다. "너는 부모에게 알리지도 않고 아이를 가졌으니 그게 무슨 일이냐." 그리고는 온 나라 안에 말을 퍼뜨려 그 누이를 불태워 죽인다고 했다. 어느 날 선덕왕善德王이 남산에 거동한 틈을 타서 유신은 마당 가운데 나무를 쌓아 놓고 불을 질렀다. 연기가 일어나자 왕이 바라보고 무슨 연기냐고 물으니 좌우에서 아뢰기를, "유신이 누이동생을 불태워 죽이는 것인가 봅니다" 했다.

왕이 그 까닭을 물으니, 그 누이동생이 남편도 없이 임신한 때문이라고 했다. 왕이 "그게 누구의 소행이냐"고 물었다.

이때 춘추공은 왕을 모시고 앞에 있다가 얼굴빛이 몹시 변했다. 왕은 말한다. "그것은 네가 한 짓이니 빨리 가서 구하도록 하라."

춘추공은 명령을 받고 말을 달려 왕명을 전하여 죽이지 못하게 하고 그 후에 혼례를 올렸다.

'삼국사기'의 내용을 보자. 여기서는 이러한 급박했던 전후좌우 상황이 모두 빠져 있고 곧바로 순탄하게 결혼을 해 문무왕이 되는 태자 법민을 낳는 것으로 묘사되어 있다.

> 7-1) 춘추가 보고 기뻐하여 곧 혼인을 청하여 혼인식을 올렸다. 그녀는 바로 임신하여 남자아이를 낳았다. 이 아이를 법민이라 하였다. 왕비는 자의왕후이니 파진찬 선품의 딸이다. 법민은 외모가 영특하고, 총명하고 지략이 많았다.

그렇다면 '화랑세기'는 어떻게 기록하고 있을까. 여기서는 김춘추가 문희를 사랑하고 임신까지 하게 되었으나 곧바로 결혼식을 올리지 못하는 연유가 실려 있다.

김춘추는 이미 유부남이었기 때문이라는 것이다. 그것도 신라의 세 왕을 모신 막강 권력자 미실의 손녀 보라궁주와 결혼을 한 상황이었다. 또 그 둘

삼국유사,
여인과 걷다

사이에 지극히 사랑하는 딸 고타소가 있었기 때문에 비밀로 했다는 사실까지 기록하고 있다.

> 7-2) 유신은 피하고 보지 않았다. 공이 이에 사랑[幸]을 하였다. 1년쯤 되자 임신을 하였다. 그 때 공의 정궁부인正宮夫人인 보라궁주宋羅宮主는 보종공의 딸이었다. 아름다웠으며 공과 몹시 잘 어울렸는데, 딸 고타소古陀炤를 낳아 공이 몹시 사랑하였다. 감히 문희를 받아들이지 못하고 비밀로 하였다.
>
> 유신은 이에 장작을 마당에 쌓아놓고 누이를 태워 죽이려 하며 임신한 아이의 아버지가 누구인지 물었다. 연기가 하늘로 올라갔다. 그 때 공은 선덕공주를 따라 남산에서 놀고 있었다. 공주가 연기에 대하여 물으니, 좌우에서 고하였다. 공이 듣고 얼굴색이 변하였다. 공주가 "네가 한 일인데 어찌 가서 구하지 않느냐?"하였다. 공은 이에 … (결락)하여 구하였다. 포사鮑祠에서 길례를 행하였다.

'화랑세기'에는 결혼을 했으나 보라궁주가 아이를 낳다 죽고 나서야 정궁이 된 문희의 스토리가 실려 있다.

> 8) 얼마 안 있어 보라궁주가 아이를 낳다가 죽었다. 문희가 뒤를 이어 정궁正宮이 되었다. 이에 이르러 화군花君이 되어 아들을 낳았다.

한편 불길하게 생각해 꿈을 팔아버리고 평생을 후회하며 결혼도 하지 않고 살아가던 언니 보희의 후일담도 곁들이고 있다.

> 9) 보희는 꿈을 바꾼 것을 후회하여 다른 사람에게 시집을 가지 않았
> 다. (춘추)공은 이에 첩으로 삼았는데 아들 지원知元과 개지문皆知文
> 을 낳았다.

결국 보희는 김춘추의 정부인이 될 수 있는 기회를 놓치고 오랜 세월이 지난
후 첩의 지위를 얻어 두 아들을 낳았지만 『삼국유사』에서 기록하듯 '서자'로
표현되고 있다.

> 10) 태자 법민法敏과 각간角干인문仁問·각간 문왕文王·각간 노차老且·각간
> 지경智鏡·각간 개원愷元등은 모두 문희가 낳은 아들들이었으니 전날
> 에 꿈을 샀던 징조가 여기에 나타난 것이다. 서자庶子는 개지문皆知
> 文급간級干과 거득車得영공令公·마득馬得아간俄間이다. 딸까지 합치면
> 모두 다섯 명이다.

사람들은 종종 신기하거나 이상한 꿈을 꾸면 꿈해몽을 하거나 길몽이라 생
각될 경우 며칠 동안 입 밖에 내지 않으며 조심을 하기도 한다. 어쩌면 이러
한 풍습이 보희의 꿈에서 유래된 것은 아닐까. 『삼국유사』에는 이러한 꿈 이
야기가 많이 나온다.
누군가에게는 필생의 소원이 이루어지는 예지몽이기도 하고 누군가에게는
불길하고 남사스러운 꿈으로 보일 수도 있다. 그 풀이와 그에 따른 행동은

결국 각자의 몫이다. 유신의 대망을 품은 꿈과 보희, 문희의 예지몽과 해몽은 각기 다른 것 같으면서도 통일 신라라는 대업의 큰 꿈을 향하고 있다. 가야를 아버지로 신라를 어머니로 둔 유신 남매들은 통일 신라 구축에 각자의 몫을 완수하였다고 할 수 있다. 이 꿈 이야기에는 나오지 않지만 유신의 동생 흠순 또한 신라의 삼보로 불릴 만큼 백제 전투와 당나라 외교에 혁혁한 공을 세운 인물이다. 동생 문희에게 양보한 보희의 꿈까지도 어쩌면 삼국통일을 위한 사남매 총출연의 각본일지 모른다. 문득 어릴 적 나의 꿈은 무엇이었나 생각해 본다. 그 꿈의 풀이를 제대로 하고 살고 있는지 김유신 사남매를 만나면 내 꿈은 이렇다고 자신있게 말해줄 수 있을까.

신라시대 마애불의 옷고름

경주 남산리 동탑서탑(남매탑 또는 자매탑을 연상시키는)

경주 남산에서 바라본 서라벌

05

삼국유사의 어머니들과 관세음보살

여인의 향기 관세음보살,
노힐부득과 달달박박 부처로 만들다

관음보살은『삼국유사』에 자주 등장하는 비중있는 배역이다. 원효에게 서답 빨래한 물을 떠주어 원효를 기겁하게 하거나 의상에게만 친견의 기회를 주기도 한다(낙산이대성). 최승로에게 젖을 먹여 살려주기도 하고(삼소관음 중생사), 희명의 딸에게 눈을 주기도 한다(분황사 천수대비). 자장도 관음보살이 기도를 들어주어 태어나게 된 인물이다. 광덕과 엄장을 성불하게 하는 것도 그들의 부인역할을 자처하였던 관음보살이다. 그 중에서도 관음보살이 처녀로 변신, 미륵불과 무량수불이 되게 만든 노힐부득과 달달박박의 이야기는『삼국유사』관세음보살 스토리텔링의 백미라 할 만하다.

백월산(지금의 장원)에 사는 노힐부득과 달달박박은 신라식 토박이말 이름을 가졌다. 무슨 뜻인지 정확히 알 수는 없지만 이야기의 캐릭터대로 '달달박박'은 뭔가 까탈스럽고 야박한 음상으로 다가오고 '노힐부득'은 상대적으로 여유있고 부처의 경지에 근접한 캐릭터이다. 둘은 같은 마을에 살았는데 스무 살이 되자 출가하였다.

'부득'은 회진암에 살고 '박박'은 유리광사에 살면서 처자를 데리고 와서도 수행을 게을리 하지 않았다. 당시 출가의 풍속을 알려주는 단서이다. 결혼한 채 출가하고 수행하고 또 식구들과 함께 살았어도 허물이 되지 않는 세상이었던 모양이다. 계율이 문란했다기보다는 불교가 밥먹고 잠자는 일처럼 자연스러운 일상이었다고 해석할 수도 있을 것이다. 원효의 초개사처럼 당시 자기 집을 회사하여 절을 만들던 수많은『삼국유사』속 일화들도 그 연장선상에서 생각해 볼 수 있다.

어느 날 둘은 금빛 팔이 이마를 쓰다듬어주는 꿈을 똑같이 꾸고서는 더 깊은 산 속 백월산 무등곡으로 들어간다. 박박스님은 북쪽 사자암에 널판지로 방을 만들고 부득스님은 동쪽고개에 돌무더기로 방을 만들어 살았다. 부득은 미륵부처를, 박박은 미타불을 염송했다. 이것이 이 이야기의 키포인트, 또한 당시 신라 불교의 잘 나가는 부처님은 이 두 부처임을 알 수 있다. 그 뿐이랴. 이야기는 이제부터 시작.

성덕왕 8년(709), 그렇게 3년이 될 즈음 어느 해저물녁 갓 스물되어 보이는 꽃답고 치명적 매력의娑儀殊妙 낭자가 나타난다. 게다가 그녀는 난초향과 사향으로 치장하고 박박의 암자로 와 시 한 수를 던진다. 난초와 사향이라니 극과 극의 향기로 매칭한 그녀의 도발.

갈 길 멀고 해저물어 온 산이 어두우니

179

삼국유사,
여인과 걷다

길은 막혀 있고 저자는 멀어 사방이 아득하네

오늘 이 암자에 머물고자 하니

자비로운 스님께서는 성내지 마소서

行逢日落千山暮. 路隔城遙絶四隣.

今日欲投庵下宿. 慈悲和尙莫生嗔.

젊고 이쁘고 섹시한데다 시로 추파까지 던지는 재색 겸비한 처녀의 유혹에
우리의 박박은 깨끗한 절을 더럽힌다며 문을 닫아 걸고 이름처럼 야박하게
내친다. 신라 사나이의 우직함이여.

낭자는 부득에게 발길을 돌려 청하였다. 그녀의 방문에 부득의 수상한 거
동 보소. '그대는 이 야심한 시각에 어디서 왔는가.'

이어지는 낭자의 대답. '담연과 태허가 동체이거늘 무슨 오고감이 있으리오.
다만 어진 스님의 뜻이 깊고 덕행이 높다는 소리를 듣고 보리를 이루도록
도와드리려 할 뿐이지요.'

그리고 두 배 길어진 시 한 수. 얼쑤~

해 저문 깊은 산길

가도가도 사방은 막히고

대나무 소나무 그늘만 깊어

시내와 골짜기 소리만 새록새록

길 잃은 새 아니어는 머물 곳을 구하는 것은

존경하는 스님 성불하시도록

원컨대 소녀의 청 들어만 주시고

어디서 온 사람인지 묻지 마시길

日暮千山路. 行行絶四隣. 竹松陰轉邃. 溪洞響猶新.

乞宿非迷路. 尊師欲指津. 願惟從我請. 且莫問何人

갈수록 점입가경. 부득스님은 깊은 산골 어두운 저녁에 중생을 따르는 일이
보살행이라 생각하고 예의를 다해 낭자를 암자에 머물게 하였다. 둘 중 하
나다. 인적 끊긴 깊은 산골 해저물녘 치장하고 나타난 여인은 요물 아니면
범상치 않은 사건의 전조!

낭자는 염불에 열중한 부득에게 밤이 샐 무렵 설상가상 아기를 낳으려 하니
해산 준비를 해달라고 부탁한다. 부득은 이에 해산 구완을 하고 낭자에게

목욕을 시키니 아연 물이 향기를 풍기며 금으로 변하는 게 아닌가. 낭자가 권하는 대로 부득은 그 물에 목욕까지 하고 나니⋯ 여기서부터는 서정주의 '아 나는 사랑을 가졌어라'로 시작하는 '신록'의 직설화법이 펼쳐질 태세. 그러나 반전, 부득은 살이 금빛이 되고 미륵불의 그 모습으로 연화대에 앉는다. 그제서야 낭자는 나는 관음보살인데 스님을 도와 대보리를 이루게한 것이라 말하고 사라졌다.

이튿날 박박은 계를 범했을 부득을 조롱하러 나타났는데, 부득이 연화대에 앉아 금빛 미륵존상이 되어 광명을 뿜고 있는게 아닌. 박박은 저도 모르게 머리를 조아리고 절을 하였다.

박박은 자초지종을 듣고 나서 탄식하였다. "나는 마음 속에 가린 것이 있어 운좋게 부처를 만나고도 대우하지 못해 그대가 먼저 도를 이루었구려. 부디 옛 정을 잊지 마시고 잘 부탁하오."

부득이 남은 금물에 박박에게 목욕하기를 권하니 박박은 그가 염송하던 무량수불을 이루게 되었다. 무량수불은 아미타불의 다른 이름, 이야기 첫 머리에 부득이 미륵불을, 박박이 미타불을 염송했다는 사실을 기억하시라.

두 부처는 소문을 듣고 온 마을 사람들에게 부처의 요지를 전하고 구름을 타고 떠났다.

그런데 깨알 같은 사족, 박박의 무량수불은 금물이 모자라 얼룩이 남았다고 전한다.

흔히 우리나라 불교를 통불교라 말한다. 신라의 미륵부처와 아미타부처의 사이좋은 성불, 그리고 그 부처가 되도록 주관하는 인물이 부처의 협시보살로 등장하는 관세음보살이라는 점이 퍽 흥미롭다. 신라에서는 불보살과 중생이 이렇게 차별 없이 서로서로 언제든 역할과 위상을 자유자재로 바꾸어 성불을 돕는 그야말로 불국토였나 보다. 천변만화로 화현하는 관음보살 중에서도 신라가시내의 치명적 매력을 품고 나타난 이 이야기에서 서정주의 신록에 '사랑' 대신 '부처'를 놓고 읽어 보면 미당의 신라 초 메타포에 새삼 공감할 것이다.

신록新綠

어이할거나
아, 나는 사랑을 가졌어라
남몰래 혼자서 사랑을 가졌어라

천지엔 이제 꽃잎이 지고
새로운 녹음이 다시 돋아나
또 한 번 날 에워싸는데

못견디게 서러운 몸짓을 하며
붉은 꽃잎은 떨어져 내려
펄펄펄 펄펄펄 떨어져 내려

신라 가시내의 숨결과 같은
신라 가시내의 머리털 같은
풀밭에 바람 속에 떨어져 내려

올해도 내 앞에 흩날리는데
부르르 떨며 흩날리는데……

아, 나는 사랑을 가졌어라
꾀꼬리처럼 울지도 못할
기찬 사랑을 혼자서 가졌어라!

시인 / 서정주

삼국유사,
여인과 걷다

사복의 어머니,
아들과 함께 간 연화장 세계

◉　　　　　　사복의 어머니는 과부였는데, 예수의 어머니처럼 남편
이 없이 사복을 낳았다고 한다. 게다가 그렇게 루머와 질시를 무릅쓰고 낳
은 아들은 12살이 되도록 말도 못하고 걷기는 커녕 일어서지도 못했다고
한다. 그래서 이름을 사복, 곧 뱀복이, 뱀동이, 뱀돌이라 했다고 한다.
그러나 이것이 어인 일인가. 그 어머니가 돌아가시자 그는 멀쩡해져 고선사
에 있는 원효를 찾아가 함께 장례를 치르자고 말한다. 그의 말에 따르면 어
머니는 전생에 사복과 원효의 불경을 실었던 암소라는 것이다. 여기서 누군
가는 사복의 당당한 태도를 주목하여, '금강삼매경론'의 차례를 꿰어 맞춘
원효의 스승 '대안대사'의 후신이라는 이야기, 원효가 '금강삼매경론'의 논소
를 소 타고 지었다던 이야기에서 그때의 소가 사복 어머니의 전생이라는 이
야기도 한다. 그러나 『삼국유사』에 나타나는 사복의 당당한 태도와 말투
는 거의 동료나 원효의 윗사람 이상이다. 원효가 찾아온 사복에게 예를 갖

추었을 때 사복은 답배조차 없었으니 말이다.

그러나 '동국이상국집'에서 이규보가 말하기를 부안 내소사에 원효의 진영이 모셔져 있고 원효 방 옆에 사복성인의 암자도 있다는 이야기가 나온다. 그때는 원효를 시봉하며 차를 달여 공양했다고 하니 사복이 후배로 여겨지는 대목이기도 하다.

어쨌든 사복과 그의 어머니는 미스터리한 인물들이다. 사복은 한 번 더『삼국유사』에 기록을 남기는데 흥륜사 금당 십성에 이름을 올리게 된 것이다. 신라 십대 성인의 반열에 들었으며 그것도 원효 앞 자리의 서열이다. 곧 금당 동쪽벽에 앉은 5성은 아도, 염촉, 혜숙, 안함, 의상이고 서쪽 5성이 표훈, 사파(사복), 원효, 혜공, 자장이다.

그러나『삼국유사』에서 줄곧 보아 왔듯이 여성인 사복의 어머니에 대한 기록은 단편적이다. 어떻게 과부의 몸으로 남자 없이 사복을 임신했단 말인가. 그렇게 낳은 자식이 뱀처럼 배밀이를 하며 지내는 12년 동안 어머니로서의 마음은 오죽했을까. 아마 어미로써 할 수 있는 모든 것을 다 하였을 것이다. 비범하게 태어나 평범해지는 것도 마음 아플 터에 지체장애로 사는 것을 지켜보고만 있을 어머니는 이 세상에 없기 때문이다.

그러던 아들이 어느 날 말문이 트이고 원효와 맞상대하는 비범한 인간으로 변모할 때까지 그녀는 어떻게 살았을까.『삼국유사』에서 그간의 사정은 당연히 이하 생략이다. 근간에 주변에서 지적 장애로 태어난 아들을 위해 눈물겨운 노력으로 아들이 좋아하는 악기를 가르쳐 대학에 입학시킨 어머니의 이야기를 들었다. 그 아들을 위해 스스로 악기를 배우고 아들을 가르쳤으며 그렇게 애쓴 보람을 다른 장애 아동들에게 나누어 주다 이제는 뮤지컬

감독을 꿈꾸는 대학생 만학도가 되었다는 것이다. 그 감동은 함께 강의 듣던 대학 1학년 학생들이 MVP 발표자로 꼽을 만큼 모두의 심금을 울렸다. 세간에서는 '여성은 약하나 어머니는 강하다, 엄마는 힘이 세다' 등 여러 가지 말들을 한다. 사복의 어머니도 그러하였을 것이다. 남들이 과부가 지아비 없이 낳은 자식에 대하여, 또 벙어리에 뱀보라고 놀렸을지라도 그녀에게는 하늘이 내린 둘도 없는 유일한 보람이자 의지처였을 것이다. 21세기를 살아도 녹록치 않았을 그 어머니의 눈물과 한숨, 끊임없이 정성을 쏟는 모습이 보이는 듯하다.

사복모자의 12년 긴세월에 대하여 김상현교수는 12연기에 비견하기도 한다. '무명無明에서 생生·노사老死'로 이어지는 번뇌와 고苦에 대한 인과관계를 상징한다는 것이다. 흔히 인생을 고해苦海에 비유하고 사성제의 첫 번째가 고제苦諦이니 그럴지도 모른다. 그렇게 사복의 본래 진면목이 드러난 후 그 어머니는 홀가분하게 피안의 길을 떠났을 것이고 그 아들은 그러한 어머니를 위하여 원효에게 포살布薩의식을 부탁한다. 포살이란 참회 수행을 통해 선을 기르고 악을 없애는 것이니 살아 생전의 참회를 통해 열반에 이르게 하는 의식이라 할 수 있겠다. 그때 원효가 축원한 내용이 바로 이것이다.

태어나지 말 것이니 그 죽는 것이 괴롭고
죽지 말 것이니 태어남이 괴롭도다.

莫生兮 其死也苦 (막생혜 기사야고)
莫死兮 其生也苦 (막사혜 기생야고)

생사 윤회를 되풀이하는 괴로움[苦]에서 벗어나라는 것이다.

그때 말을 아끼다 못해 12년 동안 한 마디도 하지 않았다던 사복의 한 마디! '말이 번거롭소.' 원효는 다시 고쳤다.

　　죽고 사는 것이 괴롭도다.　　死生苦兮(사생고혜)

그리고는 둘이 장사 지내러 가며 원효가 하는 말. "지혜의 호랑이를 지혜의 숲에 장사 지내는 것이 또한 마땅하지 않으리오" 사복의 어머니는 지혜의 호랑이였던 것이다. 그에 대한 그 아들 사복의 답가는 이러하였다.

　　옛날 석가모니 부처님께서는 사라수 사이에서 열반하셨네.
　　지금 또한 그와 같은 이 있어 연화장 세계로 들어가려 하네.

　　往昔釋迦牟尼佛(왕석석가모니불)
　　裟羅樹間入涅槃(사라수간입열반)
　　于今亦有如彼者(우금역유여피자)
　　欲入蓮花藏界寬(욕입연화장계관)

사복의 어머니가 부처와 같이 되는 순간이다. 원효는 7세기 당시 왕족, 귀족 중심의 불교였던 신라에서 대중에게 부처와 염불을 알려 주어 누구나 부처가 될 수 있다는 민중불교의 창시자로 칭송되었다. 원효의 이러한 교화와 실천 수행으로 연화장 세계로 들어가게 된 첫 번째 신라 민초 부처는 어쩌면

삼국유사,
이인과 걷다

사복의 어머니일지 모른다.

그 말을 마친 사복의 장례식도 멋지다. 어머니를 업고 풀포기를 뽑으니 '열려라 참깨!'의 주술처럼 땅이 열리고 칠보로 장식한 연화장 세계가 열렸다는 것이다. 그 세계로 모자가 함께 들어가자 땅은 다시 합쳐지고 원효는 아무일 없었던 듯 고선사로 돌아왔다. 그 고선사의 삼층석탑은 고선사가 덕동댐으로 수몰된 뒤 경주 박물관 앞으로 옮겨지고 국보로 서 있다.

후세 사람들이 그러한 사복을 기려 도량사를 짓고 해마다 3월 14일에 점찰법회를 열었다 하니 그가 어머니와 함께 연화장 세계로 들어간 날일 것이다. 이 도량사터도 설은 분분하나 대략 백률사가 있는 금강산 동남쪽 마애불이 있는 곳으로 추정하고 있다. 일연스님은 이렇게 사복의 이야기를 맺었다.

> 연못 속 묵묵히 잠자는 용 어이 평범하리
> 떠나면서 읊은 곡조 복잡할 것 없도다
> 괴로운 생사도 원래 괴로움 아니네
> 연화장에 떠다니니 세계가 넓구나.

> 淵默龍眠豈等閑 (연묵용면기등한)
> 臨行一曲沒多般 (임행일곡몰다반)
> 苦兮生死元非苦 (고혜생사원비고)
> 華藏浮休世界寬 (화장부휴세계관)

사복의 어머니도 과부였고 서동요의 주인공 무왕의 어머니도 과부였는데 잠룡과 관계하여 서동을 낳았다는 스토리에서 뭔가 밀접한 관련성을 맺고 있다. 설총의 어머니 요석공주도 과부였던 차에 원효와의 사랑을 이루었고 그이후에도 과부나 다름없이 지냈다는 것은 무애행을 펼치는 원효불기 편을 보면 알 수 있다. 그리고 보니 신라에 불교를 전한 아도의 어머니 고도령도 독신이었고 의상의 출중한 제자 진정국사의 어머니도 과부여서 진정이 출가를 망설였다.

삼국유사의 저자 일연의 어머니도 아흔이 넘도록 홀로 아들 해바라기를 하여 여든 살이 다 된 아들이 국사 지위를 사양하고 군위로 내려오지 않았던가. 어림잡아도 줄줄이 이어지는 아버지 부재의 모자 스토리는 일연의 동병상련으로 이어지는 『삼국유사』속 홀어머니 퍼레이드만은 아닐 것이다. 그렇다면 사자의 양육법처럼 아버지 그늘이 없어야 사나이 대장부의 호연지기를 펼치는 것일까.

어느 정도의 결핍은 인간을 내면으로 성숙시키고 근본적인 철학을 하게 하는 것일까. 이즈음 상대적으로 물질적 풍요와 결핍이 적은 환경에서 자라난 일부 젊은이들이 작은 역경에도 쉽게 스러져가는 모습을 보여 안타까움을 더하고 있다.

사복과 그의 어머니가 우리에게 전하는 평범치 않은 세간살이와 함께 도달한 출세간 연화장세계의 메시지를 우리는 어떻게 받아들여야 할까.

삼국유사,
여인과 걷다

고선사3층석탑(경주박물관)

웃음치료의 선구자 신라 비구니스님,
경홍이 만난 관세음보살

⊕　　　　　　　경홍은 공주 출신으로 백제의 스님이었다. 통일의 과업
을 이룬 문무왕(661-681)은 아들 신문왕에게 "경홍을 국사로 삼으라" 유언
하였다. 그리하여 경홍은 삼랑사에 주석하게 되었다.

신라의 왕이 백제 승려를 국사로 삼은 데에는 이유가 있었다. 경홍은 경율
론 삼장에 통달하여 명망이 높았고 47부의 저서를 남겼는데 원효 다음으로
많았다 한다. 그리고 삼국 통일 후 백제를 포섭하려는 복선도 깔려 있었을
것이다. 그는 왕의 후의와 배려에 따라 화려한 복장으로 말을 타고 대궐에
출입해 백성들이 길을 비킬 정도였다고 한다. 과유불급일까. 왕실의 지나친
환대와 그로 인한 운동 부족이 원인이었을까. 어느 날 경홍이 한 달 넘게 병
이 들어 낫지 않았다.
이때 한 비구니스님이 경홍을 찾아와 문안하고 '착한 벗이 병을 고쳐준다

(善友原病)'는『화엄경』의 말을 전하며 다음과 같이 진단하였다. "지금 스님의 병은 근심과 우울^{憂鬱}로 생긴 것이니 기뻐하고 웃으면 나을 것입니다." 이것이 웃음치료가 아니고 무엇이겠는가.

그리고는 열한 가지 모습을 짓고 거기에 각각 어울리는 우스개 춤을 추었다. 그것은 울룩불룩 들쑥날쑥 산봉우리처럼 치솟다가 깎아지른 벼랑처럼 낮아지기도 하였다. 아마도 공옥진의 병신춤을 연상하면 될 것 같다. 원효의 무애무도 그와 같은 저잣거리의 춤이 아니었던가.

여기서 십일면관음보살의 얼굴이 자연스럽게 연상된다. 희로애락의 모습을 한 열하나의 얼굴. 11개의 얼굴로 사방을 두루 살펴 단 한 명의 중생도 빼놓지 않고 고통과 번뇌 속에서 구제하려는 자비의 현신이다.

관음보살의 앞면 3면은 자애로운 표정, 좌측의 3면은 성난 모습, 우측 3면은 흰 이를 드러내고 미소 짓는 모습이다. 정상의 1면은 부처의 형태를 하고 있으며, 마지막으로 뒤통수의 1면은 큰 소리를 내며 호탕하게 웃는 모습을 하고 있다.

바로 경흥을 치료한 비구니의 모습이다. 이 모습을 보고 모두 턱이 빠지도록 웃자 경흥의 병이 자기도 모르게 씻은 듯 나았다고 한다. 그러자 비구니 스님은 문밖으로 나가 남항사로 들어가 숨었다. 가지고 있던 지팡이 하나만 11면 관음보살상 탱화 앞에 놓여져 있을 뿐. 경흥은 무엇 때문에 그토록 호사하면서도 우울증에 시달렸던 것일까. 고승대덕이기에 앞서 한 인간으로서 고국을 망하게 한 신라에서 국사 노릇 하기가 괴로웠던 것일까. 신라 기득권 세력에게 배척을 당했음직도 하다. 문무왕이 국사^{國師}로 임명하라 했지만 신문왕은 국가의 원로, 국로國老라는 이름으로 그를 책봉한 것도 그렇다. 무엇보다 패망한 백제의 유민들과 떨어져 혼자 호의호식하는 것이 괴로웠을 것이다. 아니면 관음보살처럼 그러한 중생구제에 골몰하다 병이 났을 수도 있다.

비구니로 현신한 관음보살이 친히 병을 고쳐주지 않았던가. 비구니스님의 이야기는『삼국유사』보다 20년 정도 앞 선 1268년경에 진정국사眞靜國師 천책天頙이 찬술한『해동법화전홍록』에 더 자세히 기록되어 있다.

"병에는 네 가지가 있는데, 모두 지地·수水·화火·풍風 사대로부터 생겨납니다. 첫째는 신병身病인데, 풍병風病, 황병黃病, 담병痰病, 열병熱病이 주가 됩니다. 둘째는 마음의 병(心病)인데, 미치광이(顚狂), 혼란昏亂이 주가 됩니다. 셋째는 외부로부터 받는 병(客病)인데, 칼이나 막대기로 찍히고 다치며, 동작動作과로가 주가 됩니다. 넷째는 구유병俱有病인데 굶주림, 추위와 더위, 괴로움, 즐거움, 근심, 걱정이 주가 됩니다. 이 밖에도 병들이 진행되고 변화하여 서로 원인이 되고, 조화를 이루지 못하여 온갖 병이 다 일어납니다.

지금 국사의 병환은 약으로 다스려 나을 것이 아닙니다. 만약 우스운 놀이를 구경하시면 곧 나을 것입니다."(김상현 에세이 삼국유사 중 인용)

2015년 6월에 메르스라는 전무후무한 병이 온 나라를 휩쓴 바 있다. 지수화풍 사대로 이루어진 경흥의 병은 근심 걱정에서 생겼다. 우리도 지금 몸의 열병에서 시작되어 마음의 혼란, 그로 인한 괴로움으로 난동이나 경거망동으로 확산되는 데에 따른 공포 불안이 증폭되고 있다.

우리도 선우善友가 병을 고쳐주도록, 십일면관음보살의 모습을 찬찬히 살피며 그에 걸맞은 웃음치료부터 시작하면 어떨까.

기뻐서 웃는 것이 아니라 웃으면 기뻐진다는 말이 있듯이 부지불식간에 경흥처럼 씻은 듯이 나을지도 모른다. 그러다 보면 세상의 근심 걱정에서 비롯된 모든 병을 날려 버릴 수도 있지 않을까. 그러므로 나를 곁에서 웃게 해주는 이가 바로 관세음보살. '나무관세음보살'

다양한 표정의 괘불(축서사)

효도를 마치고 불도를 배우면
또한 늦지 않겠는가,
신라 진정스님의 어머니

일연은 진정스님이 효도와 불교 수행, 둘 다 훌륭하다고 제목을 달았다[眞定師孝善雙美]. 어쩌면 일연스님이 만년에 국사의 자리를 물리치고 어머니를 봉양하게 한 롤모델이었을 법한 신라의 고승 대덕이다. 진정스님은 의상의 십대제자로서 의상이 소백산 송곳골에서 『화엄경』 설법을 하게 된 송곳골 강의 '추동기'의 주인공이라 할 수 있다.

진정은 가난해서 장가조차 들지 못하고 홀어머니를 모시고 부역을 하면서 여가에는 남의 집일을 거들어야 겨우 입에 풀칠할 정도였다. 재산이라곤 오직 다리 부러진 삼발이 솥이 전부였다. 어느 날 절 지을 쇠붙이를 구하는 어느 스님에게 그 솥마저 시주한 신심 깊은 진정의 어머니, 아들이 돌아오자 그 사실을 말하니 효자 진정은 다음과 같이 말했다. "불사에 시주했으니 얼마나 다행입니까. 솥이 없더라도 또 무슨 걱정이 있겠습니까." 그리고는 질

그릇으로 솥을 삼아 어머니를 봉양했다고 한다. 그러던 진정이 태백산에서 설법하는 의상법사의 소문을 듣고 어머니께 효도를 마친 후 출가하겠다고 하니 어머니는 말한다.

"불법佛法 만나기 어렵고 인생은 속절없는데 효도를 마친 후라면 너무 늦지 않겠느냐[畢孝 不亦晚乎]. 나 죽은 후 불도를 배우려 하면 너무 늦으니 속히 떠나거라. 나를 위해 출가하지 못한다면 어미를 지옥에 떨어지게 하는 것이다." 그리고는 망설이는 아들에게 마지막 남은 쌀 일곱 되를 모두 털어 한 되는 먹이고 여섯 되는 밥 지을 시간을 아끼려 주먹밥을 싸주며 등떠밀어 떠나보낸다.

어머니가 원하는 일이라면 온전치 못한 전 재산인 솥을 시주해도 잘했다고 맞장구를 치던 효자 아들이 필경 동냥을 하다 굶어죽을 것이 뻔한 늙은 홀어머니를 뒤로 하고 떠난다. 게다가 마지막 쌀 한 톨까지 탈탈 털어 출가하는 그의 심정은 어떠했을까. 그 길로 의상 문하로 들어가 화엄학을 공부했다는 기록이 이어진다. 어머니가 떠오를수록 혼신의 노력을 다해 불도에 매진했을 그의 모습이 눈에 선하다. 그리고 3년 후 어머니가 돌아가셨다는 소식을 듣는다.

애통과 깊은 슬픔, 그것을 초탈한 수행자라 하여도 늘 예견하고 있었을 어머니의 소식을 맞닥뜨렸을 때 그의 심정은 어떠했을까. 그는 묵묵히 7일 동안 선정에 들어 명복을 빈다. 그리고는 스승 의상에게 이 사실을 고한다. 제자의 미음을 알고도 남을 의상은 소백산 추동(錐洞)로 가서 삼천 명의 대중에게 90일 동안 『화엄경』을 설하는 것으로 스승의 도리를 다한다.

그 제자와 그 스승다운 이심전심의 진정한 추모이다. 의상이 강의를 마치던 날, 진정의 어머니는 꿈에 나타나 "나는 이미 하늘에 환생하였다"라고 말한다.

이 강설을 받아 적은 지통의 기록이 '지통기' 또는 '추동기'인데 일본에 전해지는 '화엄경문답'이 바로 그것이다.

극빈의 노모가 챙겨 준 쌀 한 톨까지 남김없이 바랑에 지고 의상대사를 찾아간 진정법사는 어쩌면 어머니의 여생을 함께 시주했다고 볼 수 있을지도 모르겠다.

일연선사의 어머니는 아들이 국사가 되어 마지막 생애 1년을 아들과 함께 보내며 별세 후 '낙랑군부인 이씨'로 추증됐지만, 신라 진정스님의 어머니는 성도 이름도 없이 산소는 더더욱 생각할 수 없는 가난한 평민 신분이었다. 그러나 어머니의 생사를 걸고 출가한 아들의 용맹정진으로 결국 극락왕생하였으니 '낙랑군부인'이 부러울손가. 당대 최고의 스승 의상대사에게 공부하고 수행한 진정스님은 의상의 십대제자 중에서도 네 명 안에 드는 사영四英으로 추앙되었다.

단속사에 진정법사를 기리는 비가 있었다고 하는데 전해지지 않는다. 『삼국유사』에는 이처럼 훌륭한 위인들을 탄생시킨 여인들이 이름없는 별처럼 촘촘이 박혀 있으나 그 별을 바라보고 눈맞춤하지 않는 한 그저 한 줄기 유성처럼 섬광을 남기고 역사 속으로 사라져 간다. 그러나 신라시대 진정법사의 어머니가 고스란히 고려시대 일연의 어머니로 이어지듯이 이 땅의 모든 어머니의 어머니의 어머니들이 그 DNA 씨앗을 소중히 이어왔기에 21세기 인재대국 대한민국을 이룩한 것이 아닐까. 연약해 보이는 여인들의 위대한 뒷심 배경은 『삼국유사』에 가득하다.

연약해보이는 여인의 뒷심같은 들꽃

낙랑군부인 일연의 어머니,
삼국유사 효선편을 낳다

요즘 오래 전 돌아가신 어머니가 생전에 즐겨 부르던 노래가 가슴에 들어온다. 나이가 중년을 지나서야 항상 자식 생각에 돌아가시기 전까지도 당신보다 먼저 "밥은 먹었니" 하며 자식을 챙기던 그 마음이 밝힌다.

언젠가 다양한 종교인들이 모여 모두 공감했던 주제는 결국 각자의 종교가 아닌 어머니 이야기였다고 들었다. 어쩌면『삼국유사』가 살아 있는 인간의 이야기에 초점을 맞춘 명작이 된 데에는 일연과 그의 어머니 이야기가『삼국유사』를 관통하고 있기 때문일지 모른다.

특히 편제가 비슷한『고승전』들과 달리『삼국유사』에만 들어 있는 마지막 장 효선편 다섯 가지 이야기에는 사이사이 일연과 그의 모친인 낙랑군부인 이씨의 일생이 촘촘이 누벼져『삼국유사』의 대미를 장식하고 있다.

일연에 대한 행장은 인각사에 남아 있는 '고려국 화산 조계종 인각사 가지

삼국유사,
여인과 걷다

산하 보각국존 비명병서'라는 긴 제목의 비문에 자세하다.

일연과 그의 어머니 관련된 내용만 뽑아보기로 하자.

일연의 어릴 적 이름은 견명, 경주 김씨로 아버지는 김언필인데 벼슬하지 않고 일찍 작고한 듯하다. 일연스님 덕분에 아버지는 나중에 좌복야로, 어머니 이씨는 낙랑군부인으로 봉해졌다.

태몽은 해가 집으로 들어와 비추기를 사흘이나 한 까닭에 이름이 견명이 되었다. 일연의 외모는 단정 엄숙하고 잘 생긴 콧마루에 입매가 방정한 모습이었다고 한다[豐準方口]. 걸음은 소처럼 여유롭고 눈은 범의 눈초리를 했다고 묘사되어 있다. 이렇게 태어나기 전부터 비범하고 잘 생긴 아홉 살 아들을 어머니는 경북 경산에서 멀고 먼 전남 광주 무량사로 보내고 일구월심 아흔여섯이 되도록 아들을 그리며 산다. 그 마음이 얼마나 간절했던지 일흔여덟 늙은 아들은 고려 충렬왕이 내린 국존 지위도 사양하고 군위 인각사가 있는 화산으로 내려와 극진히 어머니를 봉양한다.

아흔다섯 노모와 일흔여덟 아들의 마지막 해후. 21세기에도 흔치 않은 장수모델이거니와 당시 고려는 세 차례 몽고 전란 중으로 전쟁과 가난 속에 평균 수명이 서른 살이었다던 조선 시대 수명에도 훨씬 못 미쳤을 것이다.

모자가 서로를 위하는 마음과 전 생애를 들여 아끼는 마음은 『삼국유사』 효선편을 위시한 전편 곳곳에 가득하다.

효선편은 어떤 내용인가. 가난한 집안 하나뿐인 아들 진정스님의 출가를 위해 마지막 쌀 한 뿔까지 수먹밥으로 싸준 노모의 이야기, 가난한 김대성이 부잣집 아들로 다시 태어나 전생의 어머니를 봉양한 이야기, 아픈 아버지를 위해 자신의 넓적다리 살을 베어 아버지를 살린 향득의 이야기, 가난한 손순이 어머니를 위해 차마 못할 어린 아들을 묻는 이야기, 가난한 집 딸 지은이 어머니를 봉양하기 위해 남의 집 품팔이로 들어간 것을 어머니가 알고 대성통곡하는 이야기들로 이루어져 있다.

이 기막힌 가난을 사실적으로 들여다보자. 진정스님의 노모는 극락왕생했다지만 결국 혼자 아사했을 것이다. 김대성은 하나를 보시하면 만 배를 얻는다는 스님의 말을 듣고 없는 살림에 전 재산을 보시했지만 홀어머니에게 효도 한 번 변변히 못한 채 갑자기 목숨을 잃는다. 향득이 자신의 살을 베는 자해 행위는 약과이고, 손순은 노모의 끼니를 위해 자기 자식을 묻는 비정한 부모노릇도 마다 않는다. 구걸보다 더 못한 일이 남의 집 품팔이라고 어미가 통곡하는 것을 보면 딸이 어떤 일을 하는지 미루어 짐작할 수 있다.

그런데 이 다섯 가지 이야기가 일연스님의 행장과 오버랩되는 것은 무슨 까닭일까. 아홉 살 나이에 효선편 주인공처럼 일연은 홀어머니와 생이별을 한다. 타박타박 걸어갔을 경상북도 경산과 전라남도 광주의 멀고 먼 길이 눈앞에 그려진다. 물리적 거리보다 어머니와 떨어져야 했을 심정적 거리는 진정스님의 경우보다 천만 배는 멀었을 것이다. 아홉 살 출가의 길이라니⋯ 양양 진전사에서 구족계를 받고 스물한 살 나이에 스님의 과거 시험인 상상과에 장원을 한다. 그 후 일연은 어머니 계신 곳과 100여리 떨어진 포산(비슬산) 보당암에 자리를 잡고 삼십 년 넘게 그 지역 곳곳에 주석한다. 지금은 한 시간도 안 되는 거리지만 그때는 꽤 멀었을 것이다. 그래도 첫 출가한 광주 무량사나 비구계를 받은 강원도 진전사에 비하면 지척인 거리이다. 현재 보당암으로 추정되는 비슬산 대견사지와 대견사탑이 아직 남아 있다.

삼국유사,
여인과 걷다

그 이후 남해 정림사, 영일 오어사, 청도 운문사, 강화 선월사, 개경 광명사 등에서 고려대장경 도감일부터 각 절 주지, 고려국사로 책봉되기까지 승려로서 영광의 길을 걸었지만 그 길을 마다하고 퇴소한 곳은 어머니 계신 군위 인각사가 있는 곳이다.

그곳에서 딱 1년, 김대성의 전생 어머니처럼 아들의 지극한 봉양을 받았을 일연의 어머니는 96세. 그해 극락왕생하시고 늙은 아들 일연도 5년 후 84세에 입적한다. 문도들이 자기 부도탑 세울 위치를 의논하자 일연은 다시 살아나 어머니 묘소에서 잘 보이는 곳을 지정하고 눈을 감는다. '인각사 - 모친묘소 - 일연부도탑'의 위치는 이러한 연유로 트라이앵글을 이루고 있다. '아침에 해가 뜨면 일연선사의 승탑에 비친 햇살이 어머니의 묘소를 비추고 어머니 묘소 또한 동쪽으로 보고 있는 스님의 탑비를 내려보듯 감싸고 있다'는 이야기가 마을에 전해 내려오고 있다.

한 소년의 평생에 걸친 사모곡은 『삼국유사』 속에서 진정스님의 전생과 김대성의 후생, 효녀 지은의 해피엔딩으로 세세생생 『삼국유사』의 효선편을 웅변하며 살아 숨쉬고 있다. 불가에서는 '부모은중경'과 같은 경전에서 부모에 대한 효를 부처의 가르침으로 설파하고 있다. 특히 어머니의 잉태와 출산, 키워주시는 은혜는 눈물없이 들을 수 없을 만큼 구구절절 마음을 흔든다.

효선孝善의 의미가 무엇인가. '효도와 불교적 선행'이야말로 둘로 나눌 수 없는 인간의 궁극 가치라는 뜻이다. 효도와 붓다의 가르침이 둘이 아닌 것이다. 전 생애를 들여 출가 수행과 그에 따른 사모곡을 씨실과 날실 삼아 수놓은 『삼국유사』, 그 안의 효선편이 현대 사회가 지향해야 할 잃어버린 인간가치의 대안으로 떠오르고 있다.

'승속을 떠나 효와 수행이 다르지 않다'는 마음으로 사는 것, 우리가 부처 되는 길일 것이다.

차제에 인각사에 임시로 안치한 일연의 부도탑을 『삼국유사』효선편을 낳은 어머니가 바라보는 원래 자리로 돌려 놓는 것도 우리가 해야 할 효선의 한 방편이 될 듯 하다.

일연모친 낙랑군부인이씨 묘소

삼국유사,
여인과 길다

일연선사부도탑터 현재 달성서씨 문중묘역

일연선사 부도(인각사)

삼국유사,
여인과 걷다

초판 1쇄발행 2016년 10월 15일
초판 2쇄발행 2017년 2월 17일
개정증보 초판 1쇄 2017년 9월 20일
개정증보 초판 2쇄 2019년 3월 20일

글 정진원
사진 정진원. 김윤희. 홍성두
표지 그림 배종훈
펴낸이 김윤희 **펴낸곳** 맑은소리맑은나라
디자인 방혜영

출판등록 2000년 7월 10일 제 02-01-295 호
주소 부산광역시 중구 중앙대로 22 동방빌딩 301호
전화 051-255-0263 **팩스** 051-255-0953
이메일 puremind-ms@hanmail.net

ISBN 978-89-94782-61-4 03910
값 13,000원